Eurus

Notus

# 論理的思考とは何か

渡邉雅子

Masako Watanabe

JN165796

Zephyrus

岩波新書

2036

# はじめに――論理的思考はひとつなのか

論理的に考えることは、学術のみならずビジネスや教育、日常の判断に至るまで幅広い分野でその重要性と必要性が指摘されている。世界共通で不変のように語られている論理的思考だが、そもそも論理的であるとはどのようなことなのか、論理／非論理の線引きは何によって行われるのか。論理的に思考する方法は本当にひとつなのか。

本書はこれらの問いに、論理的思考が世界共通で不変という考えのもとになった論理学の「形式論理」に対して、論理には文化的側面があることを指摘し、それを価値観に紐づけられた「本質論理」と名づけて、思考の「基本パターン」の側面と「文化的」側面の両面から答えていきたい。

思考する目的が異なれば、その手段としての結論を導く手続きが変わり、論理的であることの基準が変わる。目的に応じて異なる論理的思考法を使いこなすことが重要で、それこそがこれからの論理的思考であると指摘し、その道筋を示すのが本書の目的である。複数ある論理的思考を、目的に応じて選択して使いこなすことを本書では「多元的思考」と呼ぶことにする。

## 論理の文化的な側面とは

筆者が論理的であること、そして論理的思考が「ひとつ」ではないことに気づいたのは、アメリカの大学に留学して、エッセイと呼ばれる小論文を提出した時だった。「評点不可能」と赤ペンで書かれ突き返された時の衝撃は今でも忘れられない。それ以上に衝撃的だったのは、どんなに丁寧に書き直しても同じコメントが繰り返された一方で、いったんアメリカ式エッセイの構造を知って書き直すと、評価が三段跳びで良くなったことである。英語が急に上達したわけでも知識が格段に増えたわけでもない。しかしアメリカ式のエッセイの型で書くと、それまで自分が重要だと思っていたことが必要なくなり、エッセイのポイントである主張すらも変わってくる。すると必然的に結論も変わってくるという不思議を体験した。それは論文の構造に導かれた論理と思考法の日米の違いという、まさに「見えない文化衝突」の体験だった。

論理の筋道というのは、作文の構造によって導かれること、それを使えばその都度一から考える必要はなく、論理的に考え、書くことができること、そしてその論理の型を共有している人たちと円滑にコミュニケーションできることを実体験から学んだ。論理的思考はグローバルに共通なものではなく、実は文化によって異なっており、それぞれの教育の過程で身につけていくものなのである。そして論理的思考の型は、それぞれの社会が何を重視し文化の中心に据えるのかと深く関わっている。

たとえば日本では「西洋」と一括りに論じられることが多いアメリカとフランスの小論文の構造は実は全く異なっており、相手国で自国の小論文の型で書くと、「何を言っているのか分からない」、「つながりが不明」、「全く不十分な議論」、そして「論理的でない」と落第点がつけられるのである。

なぜそんなことが起こるかといえば、作文を書く目的が異なるからである。結論を先取りするならば、アメリカ式のエッセイは、自己の主張を分かりやすく効率的に論証して、相手を説得することが目的であるのに対して、フランス式小論文の目的は、時間をかけてあらゆる可能性を吟味し矛盾を解決すること、それを公共の福祉という政治的判断に生かすことである。

アメリカ式エッセイは主張に関係しない要素を削ぎ落とすことによって、複雑な世界を単純化して問題解決を行うのに対して、〈正‐反‐合〉の弁証法を型にしたフランス式小論文は、常識的な見方とそれに反する見方、それら二つを総合して矛盾を解決することで、多様な人々で構成される社会全体の利益に目を向けさせる。それぞれの国の小論文には、あるべき結論の形と結論に至る道筋──それが論理となる──がそれぞれに存在する。

アメリカ式エッセイは、経済のグローバル化と英語の覇権的地位の獲得とともに、ビジネスのみならず多くの領域で世界標準の書き方になっている。確かにアメリカ式エッセイを学ぶことは、効率的なコミュニケーションを行う上でとても役に立ち、多くの人に必須の知識と技術であることは間違いない。論文の書き方やビジネスの指南書を見ると、「論理的思考」といわれているものの実態は、このエッセイの思考法であることが多い。しかしそれのみで押し通そうとすると、論理的思考の思わぬ落とし穴にはまることも確かである。フランスとの対比はそれを鮮やかに見せてくれる。

## 文化の型と思考の型

とはいえ、こうした論理的思考の方法は「無限に」あるわけではなく、いくつかのタイプを「型」として提示することが可能である。本書では「経済」(アメリカ)、「政治」(フランス)、「法技術」(イラン)、「社会」(日本)の四つの領域に固有の論理と思考法を、各領域で書いたり話したりする時の「型(構造)」に注目して提示する。政治、経済、法、社会の領域は、どこの国にも併存しているが、「どの領域の論理を使うのか」によって、その判断(結論)は変わってくる。

このようなアプローチを取ることで、国ごとに無数に論理とその思考法があるとする文化相対主義に陥らず、有益かつ基本的なタイプを特定することができると考える。

その時、四つの領域の原理をそれぞれひとつの「文化」と捉えて、社会の中心に据えている国、具体的には、アメリカ、フランス、イラン、日本の四カ国の学校で教えている「作文の型」に注目して各領域の論理的思考を抽出する。そうすることで、学校で教えられ実際に使われている作文の「型」を通して、私たちは各領域の論理の本質——目的と手段、価値観——を理解し、かつ文脈／場面に応じて「使いこなす」ことができるようになるのである。これが本書独自のアプローチである。

## 作文の型が論理と思考の型を作る

子どもの作文の型から経済や政治領域の思考法が分かるのか、といぶかる読者もいるかもしれない。しかし、思考法を理解するために、学校の作文に注目する有効性は、異なる領域を代表する国の子どもたちが同じ絵を見てその絵をどう説明し、理由づけるのかという作文実験の結果と、その実験結果を裏づける教育の目的と実践から明らかにされている(渡辺 2004)。

以下は、ある少年の一日を描いた四コマ漫画を、日本とアメリカの子どもが説明した実例である（渡辺 2004：22–23）。実験の参加者は日米それぞれ小学校最終学年の四学級の児童、日本一四四名（小学校六年生）、とアメリカ八一名（小学校五年生）である。両国の大学生に同じ課題で作文してもらうと、小学生とほぼ同じ結果が持続して現れている（渡邉 2023）。少年の名前は日本ではけんた、アメリカではジョンとした。

【日本】 けんた君は　ねないでテレビゲームをしていて　そしたら　しあいじかんまえになってしまって　いそいでユニホームにきがえてバスにのったところ　まちがえて　そしてしあいじかんにまにあわなくて　せんぱつでピッチャーができませんでした。

【アメリカ】 私のジョンの一日に対する意見は、一日の始めから終わりまで彼はイライラした一日を過ごしたということです。その日は彼にとってとても皮肉な日でした。まず彼はテレビゲームを長くやりすぎたので、それが悪い出来事の連鎖反応を引き起こしたのです。彼は遅く起きたので精神的にパニック状態になり、実際それが間違ったバスに乗る原因となり、それが野球の試合の練習におくれる原因になったのです。要するに、彼は悪い一日を過ごしました。

日本の子どもの作文は、この例のように出来事を起こった順番に連鎖して「……して、……して」と一文で述べる「時系列型」と、出来事を起こった順番で述べた後に教訓を付け加えて「教訓のお話」にするタイプが九割以上を占めるのに対して、アメリカは、最初に結論となる主張を述べて、その根拠として出来事を述べる、つまり、エッセイの型を絵の説明の枠組みとする作文が三分の一以上を占めた。

〈主張－根拠－結論〉のエッセイの思考法に慣れたアメリカ人からすると、時系列で出来事を述べる日本の子どもの作文には、最も重要な「主張」がない、当然主張の論証もされていない、時間順に述べただけで全く思考した跡が見られない非論理的な作文ということになってしまう。

他方、日本人にとって最初に主張を述べるのは、自己主張が強く最初に結論が分かってしまう面白みのない展開に感じる。そのため、最初に主張を述べることに心理的、道義的な強い抵抗感がある。そもそも絵の説明に主張が必要なのか、因果関係でいちいち理由づけする必要があるのか、それよりは四コマ漫画の主人公に寄り添い共感するような記述のスタイルを取るべきではないかと考えてしまう。

このように、それぞれの国の人々が相手の説明に納得できない理由は、「経済」、「政治」、「法技術」、「社会」という相異なる四つの領域の目的を知ることによって、すっきりと見えてくるだろう。

しかし「論理的であること」が多くの小論文の指南書が指摘するように単に証拠を示したり、帰納や演繹《えんえき》、因果を使って説明したりすることだと受けとめると、この文化の衝突はその原因が全く見えないまま、能力の高低の問題にすり替えられてしまう。小論文の型に現れる「スタイル（様式）」の違いが「論理的思考」という近代社会で価値ある思考法を通して、学力や能力に転換される。本書で見ていくように、四つの領域では評価される能力の質が全く異なり、評価の方法も違っている。

アメリカは資本主義の旗手として経済が重視されているのは自明のことと受けとめられているが、学校で教えているのはいかに利益を上げて資本を蓄積し投資するかではない。学校で教えているのは、資本主義経済で重視されるものの見方・考え方とその表現法である。

とはいえ、日米の作文実験の実例を見ると、やはり日本語とそれを使う日本人は非論理的なのだと勘違いしてしまう読者もいるかもしれない。

論理的思考を文化的な側面、すなわち価値観から解き明かす本書では、「社会領域」を代表する日本の作文の論理とその思考法も明らかにする。日本の作文教育では、どんなにお金を積んでも、そして戦略的なプロジェクトを実行しても達成することができない価値あるものが育まれ、その作文の論理が社会を支えていることが分かるだろう。日本語は曖昧であり、日本人は論理的に考えることが苦手であるという考えは本質的な議論ではない。日本では結論をあえて曖昧にする社会的な要請があるために、そのような印象を持たれるだけで、論理学の形式論理の規則を日本語に適用することになんら問題はない。

日本では決められたルールよりも、「その場の要請」を感じ取って場にふさわしい言動を取ることが求められる傾向が強い。それを逆手に取ってその「場」が、たとえば経済領域の論理で思考し表現する場であると明確に設定すれば、その場の要請に応じて論理的に考え表現できるはずである。そのスイッチの切り替えができる技術も明らかにしたい。

こうして四つの領域の思考法を明らかにしたところで本書がすすめるのは、目的と場面によって、四つの型を使い分けられるようになることである。それこそが、科学技術と資本主義に支えられ、ひとつの論理で押し通してきた近代の次の時代の論理となり、また力となると考える。論理的思考から、多元的思考へのシフトである。

## 本書の構成

序章では、なぜ論理的思考が世界共通で不変なものと受けとめられてきたのかを、西洋の思考法を形成してきた「論理学」、「レトリック」、「科学」、「哲学」から明らかにしていく。これら四つの専門領域の目的と思考法の特徴を比較することで、それぞれの目的に合った論理的思考法があることが分かるだろう。四分野の思考法を比較した一覧表(表序-1)を示したので、これらの分野に苦手意識を持っている読者は、表を頼りに読んでもらうと理解しやすいと思う。すでにこれらの考え方に馴染みのある読者や、論理の文化的側面に興味のある読者は、第一章から読み始めてもらっても構わない。

第一章では、本質論理を構成する四つの領域——経済、政治、法技術、社会——の特徴を明らかにした上でそれをモデルとして示し、第二章では、四領域を代表するアメリカ、フランス、イラン、日本の作文の構造比較から四つの論理を特定する。さらにそれぞれの国の作文が生まれた歴史的な背景を解説し、各論理を支えている価値観を明らかにする。これをふまえて第三章では、それぞれの領域の視点に立つと「なぜ」、そして「どのように」他の領域の論理が非論理的に感じるのかを分析する。終章では、四つの思考法をレトリック——表現の「様式」——のレベルで使い分けること、そして自分の思考法の立ち位置を知ることが、制度的な疲弊を見せている近代の次の時代を生き抜く知恵と技術となること、そして文化衝突回避の鍵となることを示したい。

多元的思考を理解することで、「いかに論理的に考え表現するか」、そして「合理的に行動するか」という議論から、「どの論理(価値観)を選び取り判断するのか」、そして「選択した価値に基づき行動するのか」という議論へと視点を移す。

このように「認識」を変えることで、複雑で困難な時代の対処法のみならず、次の時代に中心となる領域の論理とはどのようなものかを積極的に考えることができる。日本が代表する「社会領域」はその有力な候補である。

# 目　次

目　次

# 序章　西洋の思考のパターン――四つの論理

## なぜ論理的思考が世界共通で不変と考えられているのか

論理的思考が世界共通で不変と受けとめられるためには、その前提として「論理的」であることと「非論理的」であることの客観的かつ明確な線引きができること、次に異なる言語や文化にかかわらずこの論理／非論理の線引きの基準が適用可能なことが条件になるだろう。この二つの条件を満たしたのが「論理学」だった。

論理学は古代ギリシアの哲学者アリストテレスが、真理探究のための哲学の方法として体系化したことから「論理的ということが、同時に、真理という意味を持つようにな」り、この論理の形式を侵せば非論理的、つまり不確実で正しくないという論理／非論理の境界が設けられることで、論理的思考は西洋においては絶対的な価値を持つようになったと指摘されている（ハイス 1970：13）。もとは学問的に厳密な議論を行うために非論理的な言葉の使用、つまり矛盾したり、同時に複数の解釈が成り立つ曖昧な言葉を避けたりしたことが、哲学や法学などの専門領域を超えて一般の人の間にも広がり、日常においても非論理的であるという非難を浴びれば社会的な信用を失うほどに、論理や論理的思考は、西洋ではひとつのドグマ（反論を許さない権威的な考え）となったというのである。ロゴス（logos）――「言葉」、「理性」、「論理」、「思考力」などを表すギリシア語――を通して真理に至るというアリストテレスの考えは、古代ギリシア以来ほとんど揺るがない思想として、西洋をひとつの文化圏としてまとめる役割を果たしている（綾井 2017）。

## 1　論理学、レトリック、科学、哲学の論理と思考法の比較表

　では論理学が示した論理的思考とはどのようなものだろうか。論理学の目的とその方法、その適用範囲や長所・短所も含めて、論理学の思考のあり方を見ていこう。続けてレトリック、科学、哲学についても見ていくが、それぞれの説明に入る前に、まず四つの専門分野の思考法を比較した一覧表（表序-1）を見て、肝の部分をつかんでおこう。

　論理学、レトリック、科学、哲学は、それぞれ異なる目的と、その目的を達成するための推論の型を持つ。何を目的に、何を対象として議論するかによって、論理的であるための必要条件と評価の観点、証拠の種類、意味づけも変わってくる。論理的であることはひとつではなく、それぞれの分野によって変わり、真（実）の基準も変わってくることが理解できるだろう。なお、

の思考法の比較

| 科　　学 | 哲　　学 |
|---|---|
| 物理的真理の探究 | 形而上学的真理の探究 |
| アブダクション（遡及的推論） | 弁証法 |
| 法則探究の論理 | 本質探究の論理 |
| 仮説の検証 | 対話・討論 |
| 数式／計算、実験の結果 | 共有された概念 |
| 推論が拡張的か否か | 問いの答えが本質的か否か |
| 原因と結果の説明の整合性及び経験（物理現象）との整合性 | 文法的に正しい言葉の使用と演繹的推論の適切な使用 |

比較表の「手段＝推論の型」に示された四つの推論については、各専門分野の説明の中で、分かりやすく解説していく。

論理学の演繹的推論を対象にした形式論理による証明では、結論の真偽が明確に示せるため、数学や哲学などの厳密な学問知を得るために有効とされる。それに対して、レトリックにおける蓋然的《がいぜんてき》推論を使った論証は、人々が持っている常識を根拠に一般人を説得するのに有効である。レトリックにおいては推論の「真偽」よりも、議論の「強さ・弱さ」がより重要である。二つの専門領域は、異なる目的のために異なる推論と証明／論証の方法を持っている。

科学の仮説形成においては、常識では説明できない現象の「原因」を結果から遡及的《そきゅうてき》に（さ

表序-1　四分野

| | 論 理 学 | レトリック |
|---|---|---|
| 目的 | 演繹的操作による真理の証明 | 一般大衆の説得 |
| 手段＝推論の型 | 演繹的推論 | 蓋然的推論 |
| 論理 | 形式の論理 | 日常の論理 |
| 議論の形態 | 証明 | 説得・論証 |
| 適切な証拠 | 形式の正しさ | 一般常識と過去の事例 |
| 評価の観点 | 推論が真か偽か | 議論が弱いか強いか |
| 〈論理的〉であるための必要条件 | 正しい結論を導く文と文の関係の「形式」の規則の適用 | 場の目的に合致した「常識」と「具体例」の効果的な適用 |

かのぼって）推論して現象の「説明」を行う。それに対して、哲学はものごとの本質をつかむことを目的とする。哲学の方法として有名なソクラテス式問答法は、演繹的推論を使って問いに対する相手の答えを論駁し、相手が自ら矛盾を認識することで、ものごとの本質の探究を深めるものである。

ここで注目したいのは、形式の持つ論理的必然性に導かれて必ず正しい結論を導くことを保証するのは、論理学の形式則に則った演繹的推論のみであり、それ以外は間違う可能性がある〈非論理的〉な推論と分類されることである。この意味において論理的であることの範囲は狭い。論理的であるとは、古代ギリシア・ローマから現代まで論理学の形式論理のことを指す。

しかし、間違う可能性はあるが多くの場合は正しい蓋然的推論こそが、私たちの日常を支える論理となり、人を動かしていることはレトリックが教えてくれるところである。世界に対する新しい解釈を与え、私たちの知識を広げるのは科学における原因探査の遡及的推論(アブダクション)である。そして人間がよりよく生きるための知恵と徳は、哲学の厳密な言葉の定義による議論と古典との対話によって思考される。

こうした複数の領域を見るからこそ得られる有益な視点とは、目的に応じてこれらの異なる論理を選び、使いこなせるようになることである。

## 2　論理学の論理

### 論理的であること＝矛盾のないこと

論理学の根幹をなすのは、「矛盾を排除して無矛盾を維持すること」である。無矛盾とは「Aと非A(Aでないもの)は同時に成立しない」という原理である。論理学の三原則(または思考の三原則)はすべてこの点に関わる。難しそうに聞こえるが、「Aである」と「Aではない」ということが同時には成立しないという、言語のシステムからいっても、また人間の認知の枠組

み と常識からいっても「当たり前」のことである。論理学は、「AはAである」、「Aと非Aは同時に成立しない」、「Aであるか、またはAではない（つまりその中間は存在しない）」という三原則を打ち立て、これらに反する場合を矛盾と判断することで命題（主語と述語から成るなんらかの判断を含む文章）の真偽を決定する。

論理学は文と文の関係を「内容」ではなく、その「形式」に注目することによって結論の真偽が判断できる仕組みを考え出した。「内容」を棚上げして「形式」に注目したことから、言語の固有性や文化の違いを超えて、広くこの形式の規則が用いられるようになった。この形式の規則を記号化して用いると、東洋の思想も同じ原理を使って表し分析することができる（たとえば、桂 2021；末木 2021 参照）。

## 論理学の推論――演繹的推論と三段論法

推論とは、すでに知られていることからまだ知られていないことがらを推理することを指す。すでに知られている「正しいこと」からまだ知られていないことがらを推理すること、つまり既知の真とされていること（大前提）から未知のことを推理する（結論を導き出す）ことを「演繹的推論」と呼び、論理学が扱うのはこの「演繹的推論」である。

「演繹する」とは、一般的、普遍的に正しいとされる大前提から、個別具体的な結論を得ることを指す。論理学の真骨頂は、既知のことがらを真と認めれば、そこから正しい形式の規則に従って未知のことがらが導かれるならば、その未知のことがらをも「論理的な必然」として絶対に正しいと認めなければならないことである。この原理に照らすと、命題は、真か偽かのいずれかであって、その中間やグレーゾーンはない。論理学を支えるこの原理があるからこそ、結論が論理的に正しいか間違っているかの判断が明確につくのである。

論理的に正しい結論を導く形式の代表的な例を見てみよう。演繹的推論の代表例である「三段論法」は、正しいとされる大前提と小前提の二つの前提から一つの結論を導き出す。

大前提　「すべての人間は死ぬ」
小前提　「アリストテレスは人間である」
結論　「ゆえにアリストテレスは死ぬ」

これらの文章の関係を形式のみに注目して、以下のように抽象化して表すのも論理学の特徴である。

「すべてのAはBである」（A＝人間、B＝死ぬ）
「CはAである」（C＝アリストテレス）
「よってCはBである」

ベン図を使うとより分かりやすい。

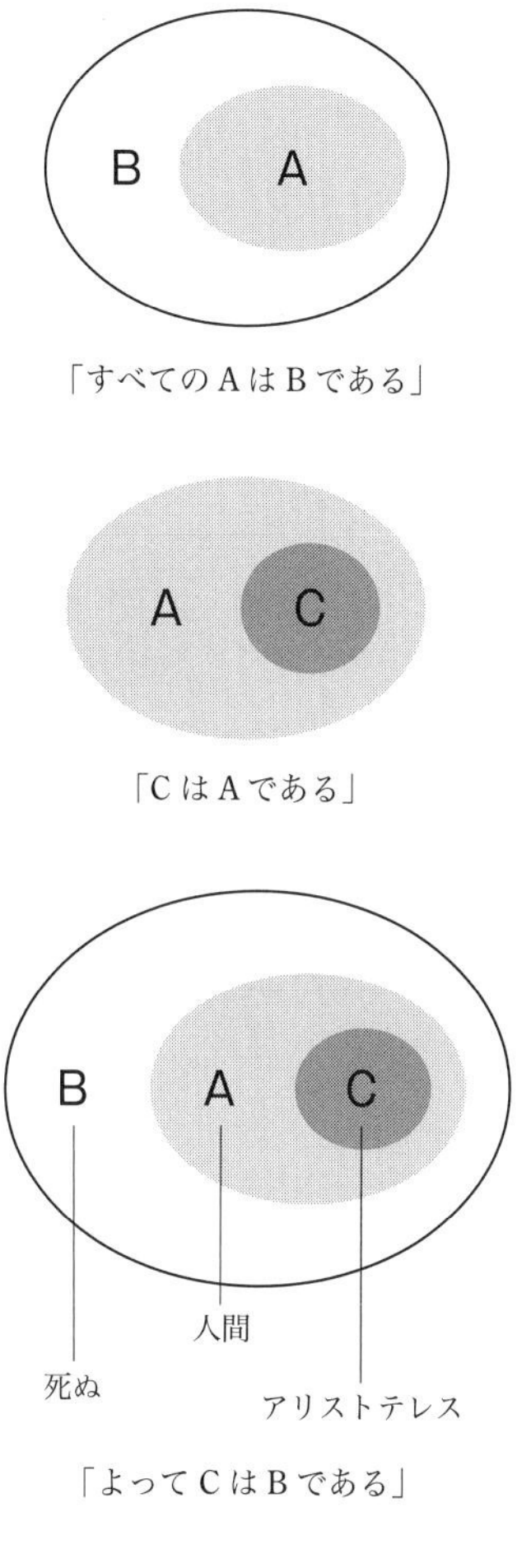


図序-1　三段論法

すべてのAがBであるならば、Aの部分であるCは、必然的にBとなるのは図序-1をみれば一目瞭然である。三段論法では、主語と述語の間に、「含み」、「含まれる」、つまり「全体」とその「一部分」であるという関係が成り立つ。主語と述語の間の含み含まれるという関係だけを頼りに論理の法則を発見しこれを形式化したのが三段論法である。

この形式に従えば結論は必ず真になるはずだが、現実世界で結論が正しくなるためには、前提が正しくなければならない。たとえば、「すべての人間は鳥である。アリストテレスは人間である。ゆえにアリストテレスは鳥である」では、大前提が間違っているために、正しい形式に従っても結論は偽になる。

ここで「論証」と「導出」を区別することが重要となる。ある前提からなんらかの結論を導く、その全体を「論証」と呼ぶ。それに対して前提から結論を導く過程だけを取り出して「導出」と呼ぶ。導出の正しさは、「ある前提を正しいと仮定した時、その結論が必ず導かれるのか」という論理学の観点から評価されるのに対して、論証の正しさは導出のみならずその前提の正しさも保証されなければならない（野矢 2006a: 20-21）。私たちが学校で書く「小論文」では、「論証」することが求められている。しかし論理学が保証するのは、あくまで「形式的な正しさ」である。論理学は現実世界の検証には関わらない。論理学で扱うのは前提と結論の関係のみである（野矢 2006a: 21）。

## 文の真偽に関わる言葉とは

さて、演繹的推論という観点から見た時、文の真偽に働きかける言葉は限られている。演繹的推論の真偽に深く関わるのは、「ではない」という否定と、「そして」、「または」、「ならば」、「かつ」という接続詞である。これらに、「すべて」と「である（存在する）」を加えれば、一般的な論理学が扱う対象をカバーできる。

では簡単な例をもとに推論を形式化して、どのように真偽の判断を行うのか見てみよう。「太郎は家にいない」という否定文は、「太郎は家にいる」という文の否定であり、真偽の関係は以下のようになっている。

「太郎は家にいる」が真ならば、「太郎は家にいない」は偽になる。「太郎は家にいる」が偽ならば、「太郎は家にいない」は真になる。否定（「ではない」）は、「ある文の真偽を反転させる働きをもった言葉」であり、文の真偽を問う論理学においては、非常に重要な言葉なのが分かる（野矢 1994: 16）。

ではこの観点を接続詞に応用すると、どんなことが言えるだろうか。先の例に倣って真偽表

| 太郎は家にいる | 太郎は家にいない |
| --- | --- |
| 真 | 偽 |
| 偽 | 真 |

を作ってみると、接続詞でつながれた文の真偽が明らかになる。たとえば、「太郎は家にいる」が真で「次郎は家にいる」も真ならば、「太郎は家にいる、かつ次郎も家にいる」は真になるが、「太郎は家にいる」が真で「次郎は家にいる」が偽ならば、「太郎は家にいる、かつ次郎も家にいる」は偽となる。

これくらいの複雑さであれば、わざわざ真偽表を作るまでもないが、表を作ってひとつひとつの判断をたどることによって、接続詞でつながれたもっと複雑な文の真偽も明らかにすることができるのが分かるだろう。登場人物の数が増えたり条件が複雑になったりした時に、真偽表での確認は効力を発揮する。「ひとつひとつはあたりまえだからこそ、それを辿ることによって誰もがその結論を受け入れることになる」、つまりそこに「論理的必然性」に導かれた結論の正しさがある(野矢 2006a: 13)。

このように、論理学では、文の真偽判断に関わる部分のみを取り出して形式化するために意味を制限する。たとえば、ある状況で「Aではない」と正しく主張できるのは、その状況で「Aである」と主張すると間違っている時であり、論理学で扱うのはこの「純粋な否定」である(野矢 2006a: 40)。

| 太郎は家にいる | 次郎は家にいる | 太郎は家にいる、かつ次郎も家にいる |
| --- | --- | --- |
| 真 | 真 | 真 |
| 真 | 偽 | 偽 |
| 偽 | 真 | 偽 |
| 偽 | 偽 | 偽 |

しかし日常生活で私たちが何かを否定する時、そこには価値観や感情を含んだ意味が附随するが、論理学においては真偽決定の形式的な規則にあてはまらない「意味づけ」は扱わない。つまり真か偽かきっぱりと判断がつくことがらについてのみ形式を通して考え、それらの中間は考えない。また人間の観察の仕方によって真偽の判断が変わったり、観察のチャンスの有無によって影響されたりするような存在も取り扱わない。こうした制限を設けることで、論理学における推論は、言語の多様性にかかわらず、ひとつひとつは当たり前の論理則をたどることによって、誰もがその結論を受け入れることになるという普遍的な側面を手に入れた。

## 論理学がすすめる思考法

こうした論理学の特徴は、厳密に考える癖を習慣づけることに役立つ。複雑なことがらにはベン図を使って文と文の関係を確かめたり、真偽表を作ってステップを踏んだりして論理の道筋をたどって結論を導く。その時に直感や感情、常識や信念・価値観に頼らず、あくまで形式に従って慎重にステップを踏むことが求められる。どのようなステップを踏めばよいのか、前提になっていることは何かなどを厳密に考えるための基本的な「道具立て」を学べるのが論理学である。また記号を使って文の形式的な関係に注目させることは、抽象的な思考に馴染み、理論化することに注意を向けさせるため、学問的な議論や思考法に向く。

論理学では、複雑な文章はそれを成り立たせている判断(=命題と呼ばれる文章)に分けて、それらの間の関係をひとつひとつたどることで結論の真偽を明らかにする。この方法は、複雑な問題や現象をまるごと全体として捉えるのではなく、それをできるだけ単純な要素に分解して、この単純な要素の確実な知識から出発し(ここまでの作業が「分析する」ということである)、もう一度複雑なものを構成することをすすめる。全体を部分に分けること、そして理解可能な部分から全体を再構成することで、「全体」についての理解を深め、解決の手がかりを得るのである。

論理学が厳しく戒めるのは、推論を行う時には曖昧な言葉遣いをしないことである。たとえば、三段論法は三つの判断から成り立ち、先の例では、「人間」、「アリストテレス」、「死ぬ」という三つの概念が用いられている。しかし、この三つの概念のうち一つでも異なった意味で用いられていたり、二つの解釈が可能だったりすると、実際には三つの概念ではなく、四つの概念が用いられていることになり、三段論法が成り立たなくなる。曖昧な言葉や表現を使っていくら推論しても、正しい結論にはたどり着けないのですべての努力が徒労に終わってしまう。命題の中で用いられる概念は同じ意味で使われなければならない(岩崎 1972: 124)。

論理学が注意を喚起するのは、「すべての」、「あらゆる」、「何も○○ない」、「誰一人○○ない」などの、述べられたことがらが適用される範囲や程度を示す「数量詞」と呼ばれる言葉の使い方である。日常では、「大人は皆嘘つきだ(=すべての大人は嘘をつく)」とか、「日本の(すべての)街にはゴミひとつ落ちていない」と言うが、嘘つきでない大人やゴミの落ちている日本の街の反論をひとつ持ってくれば、これらの主張は間違っていることになる。全体を表す言葉を軽々しく使うことは、議論する時に墓穴を掘ることになりかねない。

このように使用する概念をあらかじめ定義して一貫してひとつの意味で使うこと、接続詞や数量詞に敏感になることなど、言葉の定義や言葉と言葉の関係に注意し、場当たり的に言葉を使用しないこと、具体的なもの／ことよりも議論の過程を示す抽象的な形式に気を配ることを論理学はすすめる。思考する時には、矛盾や飛躍のないように前の文と後ろの文、前提と結論の関係に注意し、慎重に「すり足」で進む思考法を心がけることを論理学は喚起する。

では論理学の思考法は日常の実践にどう役立つのだろうか。たとえば、事実をひとつひとつたどることによって「ありえること」と「ありえないこと」を峻別して法廷でのアリバイを崩したり、複雑な条件の上に成り立つ約束が実際に履行されたのかを確かめたり、列車が衝突しない運行スケジュールを組み立てたりできる。

また「pならばq」が真であっても、その逆である「qならばp」は必ずしも真にならない規則（後件肯定の誤謬という）を知っていれば、「原因↓結果」の関係がたとえ真であっても「結果↓原因」は常には真にならず、他の原因も考えられ得るという慎重さを身につけることができる。

先の真偽表からも分かるように、論理学においては必然的に起こり得ることと起こり得ないことが明確に分かる。そうであるので、不可能と決まっていることを望んだり、科学的な法則のように未来の必然的なコースが決まっている場合には、そうでない可能性を考えても無駄であるのでやめよう、ということも論理学が提案するところである（山下 1985）。

## 3　説得（レトリック）の論理

### レトリックとは何か

レトリックの目的は、人を説得することである。人を説得するための証拠立ての方法と議論の型を考え、「説得のための言語技術を体系化したもの」がレトリックである。

論理学の形式論理によって結論の真偽は決定できるにもかかわらず、なぜレトリックという別の学問が必要なのだろうか。アリストテレスは、自ら作り上げた論理学の体系が、日常の思考や議論ではほとんど役に立たないことを認識し、日常で使える論理の体系を作り上げた。論理学における「演繹」（一般的・普遍的な前提から個別・特殊な結論を得る推論の方法）と、その逆の手続きをたどる「帰納」（具体的なことがらから一般的に通用する原理や法則を引き出す推論の方法）に対応させて、人々の常識を前提とした、常には正しくはないが、多くの場合に正しい「蓋然的推論」と、類似した事例で証拠づける「例証」による全く新しい「実践的論理学」、つまり説得のための論証の方法を提示した（香西 2009: 40）。レトリックは常識を基盤として、一般大衆に向けて説得的な弁論を行うための技術なのである。

アリストテレスはレトリックを「どんなことがらに関してでも、可能な説得手段を見つける能力」と定義し、①説得するための証拠立てをどのように得るか(発想)、②説得するには弁論の諸部分をどのように配置したらよいか(配列法)、③効果的に説得するためにはどのように表現したらよいか(修辞／表現法)を三つの課題とした(浅野 2018)。

レトリックは、人を説得する技術であるので、「理性(ロゴス)による論理的な説得」のみならず、話し手の「倫理(エトス)」と受け手の「感情(パトス)」をも視野に入れている。倫理(エトス)とは、弁論者が信用できる人物と受け手(聴衆)に認識されると弁論の説得力が増すため、弁論者が弁論を通じて受け手に信頼に値するとイメージさせる術である。弁論者の人柄、徳、思慮、そして受け手への好意が説得の強弱を決定する条件となりえるため、これらを考慮して議論を行う。シェイクスピアの『ジュリアス・シーザー』におけるアントニーの演説(カエサル亡き後、玉座に最も近かったブルータスの優位を覆した大衆に向けた名演説)は、エトス、パトス、ロゴスを連結させた見事な説得の例である(香西 1998)。西洋の学校ではこの戯曲を文学として取り上げながら、弁論による説得の技術というレトリックの真髄を教えている。

受け手の感情(パトス)に訴える説得は、現実には論理的な説得よりも効果的である場合が多い。物的・経験的証拠を突きつけた理詰め(ロゴス)の説得が相手の主張や前提を叩きのめして納得させるのに対して、感情による説得は蜜で誘い出すように快くその気にさせ得心させる。これらのことは私たちが日常でなんとなく感じていることだが、アリストテレスは、「理性（ロゴス）」、「感情（パトス）」、「倫理（エトス）」の三つの領域に分けて説得の技術をそれぞれ分類し体系化した。日常の実践的論理は、この体系化によって、単なる経験や熟練を超えた「理論化された知識」となり、西洋の伝統となり得たのである。

## 説得するとは

説得するとは、受け手の心からの同意を引き出し、言論によって受け手の考えや行動を変えることである。人に理解させ、人を信じさせ、人を動かすのが説得である。この時、圧力や権威によって強制的に同意を引き出すのは説得とはいわず、あくまで話し手／書き手の「言葉」によって受け手が自発的に賛同して考えを変えることを指す。

レトリックは、人々の同意を求めてなされるあらゆる種類の議論を対象とする。論理学の大前提のように、議論の余地がなく明白に正しいことがらではなく、なんらかの疑いがあったり、問題視されていたり、判断が分かれるような性質の主張を扱い、その主張の確かさの根拠を列挙する類いの議論である。したがって、常に反論が予想されるため、反論を見越した議論を行うことも重要である。

また説得する相手によって、主題によって、場面によっても効果的な説得の方法は異なる。この点がいつでもどこでも誰にでも、真偽がひとつに決まる論理学の論理と、説得のための論理が大きく異なる点である。

## 日常の論理

レトリックにおいて重要なのは、「日常の論理」である。日常の論理を支えるのは、論理学の演繹的推論に対応させた「蓋然的推論」と、帰納に対応させた「例証」である。「蓋然的推論」の前提となるのは、人々の「常識」あるいは「通念」とも呼ばれる社会一般に共通して認められている考えである。蓋然知とは常識のことを指し、人々の日常生活の行動の規範であり、判断の拠り所でもある。また「蓋然的」とは、「必然的」の対義語であり、ある程度確実なこと、起こる可能性のあることを指す。疑わしいもの(偽)と必然的なもの(真)の中間にある。説得推論の真実らしさは、計測可能な蓋然性(確からしさの確率)とは異なる質的なものであり、「道理がある、もっともだ」の意味である。論理学的、科学的な確実さではなく、人間的な確実さ、社会的な確実さといえる(バルト 2005)。

常識も通念も人々が当たり前のこととしているだけに漠然としており、時代や社会によっても異なるものだが、アリストテレスは、蓋然的推論を構成する原理を二八種類に分類した。たとえば、香西秀信がアリストテレスから引用した分かりやすい例は、「相反するものに基づいて論じる」型式である。この型式では、ある状況から不利益を受けているのであれば、それと反対の状況からは利益を受けるだろうと推論する。どのような場合にでも必然的に真となるものではないが、私たちは日常こうした「蓋然的推論」を使って思考している。常に確実に正しくはないが、「多くの場合において正しい思考法」である（香西 2009: 40）。

「帰納」に対応する「例証」は、帰納のように個々の事実から一般的な原則を導き結論とするのではなく、具体的な事例からそれに類似した他の事例に移行して主張を根拠づける（香西 2009: 41）。たとえば、「現在取り上げている＝起こっていることがらは、過去に起こったこの事例と類似している。過去の事例においてはこのような結末となった。よって現在起こっているこのことがらも同じ結末となるだろう」と推測し結論づける。香西が挙げた例が分かりやすい。「ペイシストラトスは、護衛兵を要求し、それを得ると独裁者になった。メガラのテアゲネスもそうであった。ここから、同様に護衛兵を要求しているディオニュシオスも独裁者になろうとする意図があると判断される」（香西 2009: 41）。帰納であれば、過去の事例から「独裁を企《たくら》む者は護衛兵を要求する」という一般原則を導出し、この「一般原則の導出」こそが帰納の目的だが、例証による論証は、具体的事例を根拠として他の具体的事例について結論づけ、目の前の状況の判断を人々に迫る。つまりこの例であれば、デュオニュシオスの護衛兵の要求を退け、その意図を今のうちに挫《くじ》くようにと市民に警告し、その行動を促しているのである。

### レトリックにおける〈論理的思考〉――論理学との対比から

論理学では、文と文の関係を形式的に取り出すことで、文脈や価値観に左右されずに推論の形式から結論の真偽を決定する。それに対して、レトリックが扱うのは価値判断である。価値判断とは「事の優劣、適否、理〔道理〕の有無に関する推論」である（ペレルマン 1980 : 13）。レトリックとは、ある主張への人々の同意を求めてなされるあらゆる種類の議論そのものであるため、そこには、何を優先すべきか、どこに道理があるのか、目の前の状況に対して何をすることが適切なのかの判断が示されている。その判断を主張として人々を説得するものである。したがって、レトリックで扱う議論は、論争を避けられない議論であり、その結論は必然的性質を持つものではない。必然的性質を持つ論証にするには、用語を正確にして、あらゆる曖昧を排除して多様な解釈の可能性を一切取り除かなければならないが、日常で使用する言語でそれを行うのは至難の業であり、ほとんど不可能である。レトリックは、そのような学問的に厳密な議論へ向かわず、むしろ他人を言葉で動かす技《わざ》に力を注ぐ。

たとえば、議論の「長さ」と議論の各部分を述べる順番（「配置」）は、論理学では真偽の判断に関係しないため取り上げられないが、レトリックにおいては議論の「強さ」に大きく影響する。多くの場合、聴衆も読者も長い議論は好まない。分かりきった前提を述べるのは受け手を飽きさせるだけである。そのため日常では、すでに常識とされている「大前提」は述べずに議論を進めるのが一般である。レトリックで、大前提を省いた「省略三段論法」が用いられるのはそのためである。三段論法の例で挙げた「すべての人間は死ぬ」は自明なこととして省略される。

その一方で、大前提が聴衆に受け入れられるかどうかは、まず確かめなければならない。聴衆に前提をはっきりと思い出させ、前提の意味や適用の範囲を明らかにすることは、議論を有利に進めるために必要である。この前提が、レトリックの場合には蓋然的推論の型式から選択され、前提の「真実らしさ」をつくる。分析のために行われる抽象的演繹とは逆に、受け手に調子を合わせて展開されるレトリカル（修辞学的）な三段論法である（バルト 2005：94）。

レトリックの例証でよく使われることわざは、ことわざ同士では矛盾するが、使う文脈によっていずれも正しくなる場合がある。たとえば、「渡る世間に鬼はなし」と「人を見たら泥棒と思え」は、意味の上では矛盾し、いずれも常に正しいわけではないが、それらを使う場面や状況によって適切な根拠となりえることは、私たちが経験から知っていることである。つまり話し手／書き手の目的に沿って引用されればよい。しかしこのように文脈に真偽が依存することとは論理学では許されないことである。論理学が言語の閉じたシステムの中で、システムを支える「規則」をもとに展開する制約があるのに対して、人間の行為は「必然的に帰結するものは一つとしてない」、いかようにもなるものだからである（アリストテレス 2017：30「弁論術」一三五七）。

## レトリックがすすめる〈論理的思考〉の型

レトリックは、長年の経験の蓄積から抽出した「論証の型」を学び、そこから時と場合に応じて選択することをすすめる。なぜなら、私たち人間は何もないところから自由に考えているわけではなく、使い慣れた型を用いて議論したり人を説得したりするからである。共有された型を用いるからこそ、他人を説得できるともいえる。ただ闇雲にひたすら考えても、人間が一生の間に考え出せることは限られている。レトリックは、さまざまな議論の観察から発想の型を抽出し類型化したものであり、そこには長い歴史の蓄積がある。アリストテレスが類型化を行った紀元前四世紀においてすら、説得弁論の技術はすでにそれなりの厚みと広がりをもって存在しており、先人の功績の上に立ってアリストテレスも体系化を行えたのである。

アリストテレスが論証の型を網羅的に分類したのだから、人はそこから取り出すだけでよい。ここには確立した方法に対する確固とした信頼感と、行き当たりばったりの自然発生的な無方法は何ももたらさないという確信がある。レトリックの「発想」の基本的な考えは、論じる方法は個人が工夫して創造的に作り上げるというよりは、馴染みのパターンからすでに抽出された弁論/論証の「型」を素材の上に被せるだけで卓越した弁論/論証ができるということである（バルト 2005）。

レトリックは、論理的思考を思考力という「力」としてではなく、「量」として捉える発想の転換を促すと香西（香西・中嶋 2004: 41）は述べている。つまり思考力を養うには、まず私たちがよく使う議論の発想の型を大量に覚えることから始めることをすすめる。過去の経験を情報として蓄積することで、その場に最もふさわしい議論の型式——先に述べた「相反するものについて論じる」型式はその一例である——を選び、それに当てはめて主張を「論拠づける」のである。

さらに故事や寓話、伝承された物語、比喩を使った話などは、主張したいことがらの具体的な結末を示す「根拠づけ」の宝庫であるためストックしておくと例証する時に便利である。学んだ基本型が多ければ多いほど選択肢が増え、それらの組み合わせの可能性も広がる。議論／論証に関するレトリックの知識は、思考の「引き出し」や選択すべきメニューとなる。基本型を使いこなして場数を踏めば、あらゆる場面において効果的な議論が行えるようになる。とりわけ相手とのやり取りによって議論する場合には、「好機を失うことなく」論拠を適切に配置することが可能になる。その場と聴衆に合わせて同じことがらをどのような長さでも、どのような順番でも、そして理性、感情、倫理のどれを軸としてでも議論することができる。ある現象は、原因としても結果としても叙述することができ、手段としても目的としても、全体の象徴としても目標への過程としても叙述することができる。つまり話し手／書き手の目的(主張)に応じてどのような枠組みも使える。その一方で、そうであるからこそ、そのうちのひとつを選ぶことは、それ以外の解釈を覆うことにもなる。レトリックの技術の蓄積から学べることは、何を選んで説得しているかのみならず、覆われているものは何かにも敏感になれることである。

レトリックにおける〈論理的〉な思考とは、「説得」という目的を達成するための戦略的な思考といえる。時と場合によって、つまり話し手／書き手の目的に応じてどのような手段がありえるのか、どのような操作を行ったらよいのかの実践的な効力を持つ論拠と論法の集大成がレトリックだからである。ここで戦略的な思考を個人的な利益のために使えば「利己的な戦略」に終わる。しかし、政治的判断や道徳に関わる議論など、集団や社会の運命を決定する大切なことがらについての「慎重な判断」を大衆に理解させるための「利他的な戦略」としてレトリックを使うことも可能である。古代ギリシア・ローマの社会において高く評価されたのは後者であった。

## 4　科学的発見の論理

### アブダクション

演繹と帰納とともに、第三の推論とされるのがアブダクションである。アブダクションは遡及的推論とも呼ばれ、結果からさかのぼってその原因を推測する論理である。前提から結論を導き出す演繹的推論とは逆の経路をたどる。科学的探究の最初の段階である「仮説」（なんらかの現象や法則性を説明するのに仮に立てられた考え）を作る時に用いられる。科学理論や法則の発見のもとになる仮説の形成過程は、天才のひらめきによって説明されることが多かった。しかし、演繹や帰納との違いを強く意識しながら、その論理を表現したのが以下のアブダクションの推論の形式である。

「常識では腑に落ちない驚くべき事実Bが観察される」
「しかし、もしA（という原理・原因・条件）が正しいとすれば、Bは当然のことであろう」
「よって、Aが正しいと考えるべき理由がある」

この構造を論理学の一般的な形式に倣って書くと、

「Bである」
「もしAならばBである」
「よって、Aは確からしい」

論理学では「確からしい」という曖昧な言葉は決して使わないが、アメリカの哲学者パース(C. Peirce)がアブダクション（またはリトロダクション）と呼び、数学者ポリア(G. Polya)が「発見的三段論法」と名づけた上記の疑似三段論法は、仮説の段階の「そうらしい」という考え方がどのようなものか、その積極的な意義を教えてくれる(ポリア 1975: 187-189)。この論理を科学的探究の三段階に照らして具体的に見ていこう。

まずあらゆる探究は、常識的な期待に背くような驚くべき事実の観察から起こる。探究はその驚きが解決される説明を求めて、その事実をあらゆる側面から考察することから始まる。そして、その事実がなぜ起こったかについて可能な説明を与えてくれる仮説を考え出す。これがアブダクション(仮説形成)であり探究の第一段階とされる(米盛 2007: 104)。結果(驚くべき事実)からさかのぼってその原因を特定する遡及的推論である。遡及的推論はその名の通り、どのような原因から最後の結果が出てきたかを尋ね、それはさらにどんなことから導かれたのかを次々に推理していって、遂に結果である驚くべき事実にたどり着くが、たどり着いた時にはその驚くべき事実には合理的な説明が与えられているので当然の事となる。仮説とは、驚くべき事実を説明する解釈である。事実から仮説を立て、また事実に戻ってそこから別の仮説を立てる、この繰り返しによって驚くべき事実を最もよく説明する、それ以外にはありえない原因を突き止める。

探究の第二段階は「演繹」によって行われる。もしその仮説が真であるとしたら、その仮説からどんな結果が必然的に導かれるのか、アブダクションによって提案された仮説をできるかぎり明確にし、その仮説に含まれている予測を、実験や観察で検証(テスト)できる形に、言葉または数式で示さなければならない。つまり仮説を解明し、証明できる形にする段階が探究の第二段階であり、ここでは演繹の方法が用いられる。逆向きに行った発見的な推論を、今度は演繹によって前提から結論を導き出す「前向きの推論」に言い換える。

探究の第三段階は「帰納」によって行われる。演繹の目的は仮説から導かれるすべての結果(帰結・結論)を集め、それを法則や原理、理論の形にする、つまり検証可能な命題の形にすることだったが、その検討が行われた後には、その結論がどれだけ経験と一致するのかを確かめる「帰納」の段階に入る。仮説が正しいか、なんらかの修正が必要か、または拒否すべきであるかを経験に照らして判断するのが帰納の思考である。探究は仮説を経験的事実に照らして判断することで一応完結する。科学の探究がどこまでも「一応の完結」とされるのは、ひとつの仮説の検証が終わっても、別の観点から全く別の説明が可能になる可能性があるからである。実際、科学はアブダクション→演繹→帰納から成る仮説の検証と修正を繰り返しながら発展してきた歴史を持つ。

この探究の三段階の過程をよく表した例として、米盛裕二(2007)は「海王星の発見」を挙げている。天王星の異常な運動という変則性に注目したイギリスとフランスの天文学者は、何が原因で起こるのかその可能な原因を調べ、熟慮の結果、天王星の外側に未知の天体が存在し、天王星の軌道に影響を与えているのではないかという仮説を立てた。そしてその仮説が真だとしたら、未知の天体の軌道要素はどのようなものでなくてはならないかを計算で求め、それをもとに未知の天体の位置を予測した（仮説の必然的な帰結として予測を行う推論と計算が演繹）。そしてその予測に従ってドイツの天文学者がベルリン天文台で観測したところ、一八四六年に海王星が確認された（経験による仮説の検証＝帰納）。海王星の発見は単なる幸運ではなかった。様々な仮説を検討しつくし、ニュートンの重力の法則の理論の変更すら考えながらも、他のすべての可能性が否定されるまではその仮説は取らずに、最終的にニュートンの理論を用いて誤差が一度以内という驚くべき精度の予測を立てたからである。

　では探究の第一歩となるアブダクションは、演繹、帰納、蓋然的推論とはどう違うのだろうか。演繹は、真とされる前提（既知のもの）を根拠としてある結論（未知のもの）を導き出す推論を指し、前提が真であるならばその結論は「必然的に」真になる。つまり真である前提から真である結論へとすり足で進む演繹においては、前提に含まれた以上の新しい知識／情報が入り込む余地がない。それに対してアブダクションは、新しい知識や諸観念を発見し知識の「拡張」

をもたらす。演繹においては前提から導かれる結論が「真か否か」が推論を分析し評定する観点であるのに対して、アブダクションにおいては「拡張的か否か」、つまりどのような拡張的機能を持っているかが推論を分析し評価する観点となる(米盛 2007: 9)。その一方で、拡張的機能が大きい推論ほど間違う可能性の高い、弱い推論となるのも事実である。実際、結論となる事象に規則を適用して前提を推論する遡及的推論は、論理学では「後件肯定」と呼ばれ、「後件肯定の誤謬」と呼ばれる間違った結論を導く可能性のある推論方法である。

しかしそうした論理的には必ずしも正しくはないという側面が、未知の存在や、既知のものの間に全く新しい関係性を見出す余地を生む。つまりすり足で進む演繹的推論では認められない、常には正しくない、論理の必然的な帰結として導かれるわけではない「非‐論理的」な思考が、未知のものの発見という思考の飛躍を可能にするのである。科学という厳密な学問領域とは一見相容れないような「創造性」を積極的に受け入れる推論の形がアブダクションなのである。

ではレトリックの蓋然的推論とはどう違うのだろうか。蓋然的推論は、人々の通念や常識を論拠に結論を導き出す。それに対してアブダクションは、これまでの通念や常識の覆いを取り去ったところに、既存のものの新しい関係を見出し、そこから「新たな観点＝発見」を導き出す。コペルニクスの地動説やニュートンの万有引力の法則、アインシュタインの相対性理論は、それまでの社会的通念や、既存の科学理論で常識とされていたことを否定したところに新たな観点を立てたことで、より広い事象を統一的に説明する理論を作り上げた。

帰納との違いは、帰納は観察可能な事象を一般化するのに対して、アブダクションは多くの場合、観察可能な事象から直接観察することが不可能な原因を推論することである。ニュートンの引力の発見はこの観察不可能な原因の代表例として挙げられるだろう。帰納による一般化においては、どれだけ観察を繰り返しても「引力」という新しい概念は生まれないが、そこで「なぜ」と問うことが思考の方向性を変える。「同じことが繰り返される」ことが帰納による一般化の前提であるのに対して、アブダクションには「なぜ」に答える原因究明の「目的志向性(自覚的な探究)」が加わるからである。

以上のように、仮説を思いつき吟味することは、演繹や帰納とは異なるアブダクションという推論である。ただし仮説を思いついた後で、それを検証可能な形に読み替える時には演繹的に言い換え、観察によって帰納的に事実確認を行うことで、仮説を実証――事実を拠り所として証明――する。このように、アブダクション、演繹、帰納の三つの異なる推論の形式を一つのセットとして段階的に用いることで、仮説形成という個人の探究は、どこでも、誰にでも通用する公共の知識に成り得るのである。

## 探究と発見の論理（アブダクション）がすすめる思考法

演繹と帰納に次ぐ第三の推論としてアリストテレスが取り上げ、アメリカの哲学者パースがそれを一九世紀にアブダクションと翻訳した仮説形成は、二一世紀の社会的な文脈の中で、その思考法の新たな可能性が指摘されている。たとえば人工知能の研究者たちは、論理学が切り捨ててきた「厳密でない推論」に人間独特の推論の性質を認め、アブダクションの「ものごとを結びつけ創造する」思考法を積極的に研究に取り入れている。

またビジネスの世界でもアブダクションは注目されている。既存の原理をなぞることで必然的な結論を導き出す演繹も、部分的な観察から全体を推測する帰納も、同じような戦略やサービス／製品に行きついてしまう。そのため他社との差別化ができないジレンマに陥ることから、オリジナリティの高い価値を提供するために拡張的推論を行うこと、すなわちこれまでに見られなかった（驚くべき）現象を見逃さず、顧客や消費者自身も自覚しなかった、または自覚的に伝えることができなかった新たな背景や原理を、その原因にさかのぼってアブダクティブに推論し突きとめることをビジネスコンサルタントはすすめている。それがイノベーション（革新）

を起こす思考法だという。イノベーションは「既存のものの新たな組み合わせ」であるとは経済学の定説だが（シュンペーター 2020）、とりわけ超低成長時代、成熟社会、先行きが不透明なリスク社会といわれる二一世紀においては、「ひとつの正しい答え」への固執や「これまでと同じやり方」、「同じ論理」では生き残れないと指摘されている。

さらに教育の分野においても、「与えられた知識の覚え込み」から、児童生徒が自ら問いを作りそれに答えるべく情報を探索したり、実験や観察によって経験的事実を得たり、または話し合いによって考えを深めたりする「探究学習」へと大きく舵を切る教育改革が世界各国で行われている。課題解決を目的とした探究学習には、既存の知識のシステムを拡張するアブダクションの論理が役立つというのである。

最後にこれらに共通するアブダクションの思考法の特徴をまとめておこう。一つめには驚くべき現象の原因究明は、「なぜ」に答える目的志向的に行われるということである。この目的に基づいた意識的な観察と熟考が不可欠である。何もないところから新しいものは決して生まれない。あらかじめ問題を熟知している者のみが、偶然を幸運なチャンスに変換できる。

二つめには、「もし……ならば……である」という「そうらしい」ことから出発して知識の拡張を目指すことである。この推論の形は、「間違う可能性」を「非論理」として退けるかわりに、その積極的意義を認め、人間の獲得する知識は決して最終的な真理と確定することはできず、むしろ常に誤りが見つけられ修正される可能性を残しておかなければならないとする「可謬《かびゅう》主義」という新しい知識の見方を提示した。誤りを正す作業の蓄積によって知識は広がるのであり、科学はまさにそのような歴史の積み重ねによって発展してきた。

三つめには、われわれが接する自然界は変わらなくとも、その「解釈」が変わることによって、ものの見え方や考え方が激変することである。それは複雑に絡み合った現象から「あるパターンを読み取る」ことだと指摘されている。人間には有機的に全体を捉えようとする思考の癖があり、仮説形成はものごとをひとつの原理に従って配置することにより、そこに意味のあるパターン(全体)を見るのである。パターンを読み取って、「なぜ」に対する説明がついた時に科学的発見は成し遂げられ、原理を文章や数式にする演繹と、それを最終的に経験から確かめる帰納の作業は、他の人がやってもよいのである。

論理学者の野矢茂樹(2006b)は、思考において究極的に重要なのは論理ではなく、それと正反対の「閃き」や「飛躍」なのだと述べている。論理は、「閃きによって得た結論を、誰にでも納得できるように、そしてもはや閃きを必要としないような、できるかぎり飛躍のない形で、再構成し」て、「まだその結論に到達していない人に向かって説明」する時に用いられるものであるという(野矢 2006b: 1-2)。アブダクションによって科学的発見が成し遂げられた後の演繹と帰納の作業は他の人がやってもよいといわれるのは、この二つの段階の質的な違いを指している。

## 5　哲学的探究の論理

### 哲学の思考法

最後に哲学の思考法について触れておこう。哲学で有益なのは、科学や政治などそれぞれの専門領域の内に収まった知識を俯瞰的に見られることである。そのために議論を行う時、「何について考えているのか、議論しているのか」、その前提を明らかにできる。たとえば、科学的な議論(問い)を常識による証拠によって検証することはできないし、法律の違法／合法の判断に、効率性や安さといった経済的な指標を用いることはナンセンスである。証拠の基準や判断の基準は、「何について論じるのか」、「どのような視点に立っているのか」によってその正しさは変わる。日常生活では、こうした前提の確認や合意をせずに議論を行うことが多い。しかし議論が噛み合わないのは、異なる前提(定義・想定)から推論しているためで、推論そのものが間違っているわけではないことも多々ある。どのような領域に立って議論しているのかに意識的になるには、哲学の思考法が役に立つ。

哲学の目的は物事の本質を捉えることである。具体的には「……とは何か」という問いに「……は……である」と答えようとすること、定義することと言い換えることもできる。しかしその答えは「絶対の真理」ではない。本質についての多様な答えを提示して、さらなる議論を積み重ね、できるかぎり共通の了解にたどり着き、それを土台に議論して対立を解消したり、問題解決したりすることが哲学の意義である（苫野 2017）。

では「ものごとの本質」とは何だろうか。たとえば「美とは何か」と問われた時、「サラブレッド（美しい馬／生き物）」とか「楽茶碗（美術品）」という答えは哲学的に正しい答えとはいえない。「本質」とは、美の属性を表すあれやこれやの具体物ではなく、それらが「美しい」といわれるのは何に基づいているのか、「美についての考え」である。美という抽象的な概念について定義すること、なんらかの答えを出そうとするものである。

そうであるので、哲学的に意味のある問いとそうでない問いがあるのが分かる。たとえば「GDP（国内総生産）とは何か」とか「GDPを増やす施策とは何か」という問いは、前者についてはは決定済みの定義がすでに存在し、後者については現状の分析から具体的な施策が導き出されるため、哲学的な問いにはならない。
哲学的な問いとは、「幸福とは何か」、「正義とは何か」、権力とは、法とは、自由とは、時間とは、魂とはなど人間の生き方に関わることの「意味を問うこと」である。したがって立場によって違う答えしか得られないような問いである場合が多い。逆に知識が確定的になると、その主題は哲学から切り離されて別の学問領域になる。論理学や心理学、自然科学一般、法学、政治学はそうした歴史的経緯をたどった。

では各専門分野と哲学の考える概念はどこが違うのかといえば、たとえば政治学は権力をいかに少数の者に集中させないかについて考え具体的な施策を提案するのに対して、哲学は「権力とは何か」と問うて、権力についての「考え」を深めようとする。哲学が扱うのは「考え」という分野であり、「……についての考え」という言葉にあてはめると哲学者がそれぞれの専門分野でどのような立場を取るのかが分かりやすい(ドロア 2005)。それぞれの分野は分野独特の目的(視点)と方法と対象を持つのに対して、哲学はあらゆる分野について考えることができ、どの分野でも同じ方法を用いる。あらゆる知識は専門分野という特定の視点の中に収まっているものだが、哲学は知識全体を大局的な観点から眺め、その視点自体を生み出すものといえる。

## 哲学の方法

哲学が特別なのは、考える内容というよりは哲学独特の方法のせいである。「……とは何か」という問いを使って抽象的な概念の正確な意味の定義を行うために、「問答」と「対話」によって互いの共通点や差異を取り出しながら探究を行う方法が古代から用いられた。ソクラテスの産婆法と呼ばれる対話法は、問いを立てて相手に答えさせ、さらなる問いによって相手の答えの矛盾に自ら気づかせ、それまでの考えを捨てさせて探究を進める方法である。

レトリックが常識を議論の前提に据え、類似した事例を根拠に議論するのに対して、哲学においてはむしろ常識を疑い、批判的に見ることによってものごとの本質をつかもうとする。そのためには自然や社会など多様な知識の中に問いを位置づけて俯瞰的に議論することが求められる。個人的な経験からの一般化は哲学においては最も避けなければならないものとされているので、対話や討論を行う時には、主題について蓄積された過去の議論を足がかりにする。先人のたどり着いた答え(定義)を議論の中で対話させることにより、より包括的な、積極的な、または全く新しい視点に立った説明を求めていく。提案→議論→再提案を繰り返し、提案に対する反論からより包括的な提案を導くというように、真理を求めながらも、その答えは常に議論や反論によって更新されていくことを前提としている。

## 哲学がすすめる思考法

ものごとの本質を捉えることを目指す哲学は、厳密に正しく考えるために細心の注意を払う。人間がものを考える時には、否応なく言葉を使って考えるため、正しく考えるには、正しい言葉の使用が前提となる。この時役立つのが文法と論理学である。

まず文法的に正しい文で考えているかをチェックする。文法的に正しい文で考えるとは、文章を構成する規則に従って意味の通る文になっているということである。次に文を構成する語の意味が適切に使われているかを確かめなければならない。私たちが日常使う言葉の多くは複数の意味を持つ。「……とは何か」を定義する時に、複数の意味に解釈されてしまうような曖昧な言葉の使い方をしていないか、そして言葉の結びつきが矛盾を含んでいないかどうかを確かめる(たとえば「四角い丸」のような矛盾がないか)。

こうして文の構造と文を構成する語のひとつひとつを注意深くチェックした上で、言葉と考えが筋の通るように組み合わされているかを、論理学の形式の規則に照らして確かめる。特に接続詞や否定(「ではない」)の適切な使用と「すべて」と「ある」の含み含まれる関係に矛盾がないかは、錯覚と正しい考えを区別する重要なチェックポイントである。文法と論理学が哲学の基礎として学ばれるのは、哲学の活動は言語と論理への働きかけを通して行われるからであり、その時言葉と文章という思考の道具がどのように働いているのか、その使用にあたって注意すべき落とし穴は何かを知らなければならないからである。

思考のプロセスを超越した瞬間的なひらめき（霊感・インスピレーション）や直感は、西洋の哲学においては避けるべき方法とされ、理屈を積み重ねて結論を引き出す「理性」を頼みとする。定義を行う時には、レトリックのように常識をもとにした推論の型の中から選ぶのではなく、過去の議論をもとに自律的に考えることが哲学では重要になる。哲学の唯一の道具である言葉は共同体の中で流通しているため、知らないうちに共同体の常識に縛られた考え方をしていないかもチェックする。こうした厳密かつ自律的に考えるための基礎固めを行った上で、哲学が提案する思考法として、思考実験と弁証法を挙げる。

思考実験は、「生存権とは何か」、「自由とは何か」といった概念に関わる問いに直接的に答えることが難しい場合、架空のシナリオを描いてその具体的な状況をもとに答えを出す。思考実験における仮想的なシナリオは、事実に反することを思い描いて、そのような条件から、反事実的な条件文を導き、その正当／不当を判断する。たとえば、思うままに透明人間になることができ、罪を犯しても捕まって処罰されないとしたら、人間はどのように振る舞うかは、プラトンが道徳について考える時に行った思考実験である。

## 弁証法という思考法

哲学の代表的な方法のひとつである弁証法は、対話・弁論の技術を指し、ソクラテスやプラトンにおいては対話を通してものごとの本質を概念的に捉える方法とされた。ソクラテスの対話法は別名「産婆法」とも呼ばれ、問答を通して相手の知識の矛盾や曖昧さを指摘し、無知の自覚を持たせることで知恵を吟味し正しい認識へと導く過程を産婆の役割になぞらえたものである。

他方アリストテレスによる弁証的推論は、大衆に受け入れられている意見を前提とするレトリックの蓋然的推論を指し、常識を疑う哲学の方法としてはむしろ避けるべきものとされた。ドイツの哲学者ヘーゲルの弁証法は、ある見方、それに反する見方、それらを総合する見方という〈正→反→合〉の段階を経ることによって、概念が自己内の矛盾を解決して高次の段階へ至る論理構造を提示した。

このように、弁証法は時代や哲学者によって異なる意味を持つが、現代で弁証法といえば、ヘーゲルの弁証法を思い浮かべる人が多い。本書の第二章で説明するように、現代のフランスの高校生たちはこのヘーゲル流の弁証法を使って哲学の問いに答えることを求められている。

真理を求めて探究を行う一方で「絶対的な真理」を想定しない哲学においては、すべての問いにはひとつの答えが用意されているとの思い込みから私たちを解放する。一方ですでに存在している考えを批判的に見ることを奨励するが、他方で古代から蓄積された哲学者たちの考えを捨ててしまうのではなく、それらを対話させ、過去の考えの間の矛盾を弁証法を使って解決し、より積極的で広い視野を持った考えへと昇華させることを目指す。自らの考えも外から眺めるように俯瞰して観察すること、その時に自らの考えを文法と論理学を使って文と語のレベルでチェックし、言葉のチェックを論理のチェックと捉えて厳密に行うこと、そして正答のない問題について積極的に考えてみることを哲学は推奨する。

「……とは何か」という問いの立て方と、「……は……である」という主語と述語の関係によって問いに答える方法は、古代ギリシアの哲学者たちが作り出した哲学独自の考え方のルールである。このルールに従って自然と社会に関する多くの思想と知見が生まれた。論理学は「正しい前提」から出発して正しい結論を導くが、哲学は私たちが正しいと考えている「前提」とはどのようなものかを問う。そしてその前提そのものを吟味にかける。私たちがどのような前提で世界を見ているのかを問い、そうした前提に間違いがあったり、疑問視されたりする場合は、より積極的な見方を提示する。そのような探究の継続を通して、よりよく生きる方法やよりよく考える方法を哲学は提供する。

ここまでは思考の基本パターンとして、世界で共有されている西洋由来の四つの専門分野の思考法を見てきた。次章からは、これまであまり意識されてこなかった、価値に紐づけられた思考の文化的な側面を見ていこう。ここからが本書の核心である。

# 第一章 論理的思考の文化的側面

## 1　何が〈論理的〉だと感じさせるのか

グローバル化が進み、世界共通のビジネスモデルや教育モデルが示される一方で、文化の衝突は思わぬところで起きている。衝突の影響は極めて深刻なのだが、その実態は見えにくく、意識されずに過ぎてしまうことが多い。たとえば母国で優秀な成績を修めた学生が、海外の大学でつまずくことがある。言語や教育方法の違いがつまずきの理由に挙げられがちだが、母国と留学先の作文／小論文の「論理の展開の違い」に根ざした、思考法の違いが原因であることも多い。

この文化による論理展開の違いをいち早く指摘したのは、アメリカの応用言語学者カプランである。カプランは、大学で留学生の小論文指導を行うなかで、英語が上達してもなかなか小論文が上達しない留学生が多いことに長年疑問を持っていた。そこでカプランは世界三〇カ国以上から来た留学生の小論文を分析し、図1-1のように言語圏別に論理の展開の特徴を視覚的に分類してみせた。

カプランの分類によれば、英語圏は「直線的」な展開、ヘブライ語やアラブ語などのセム語

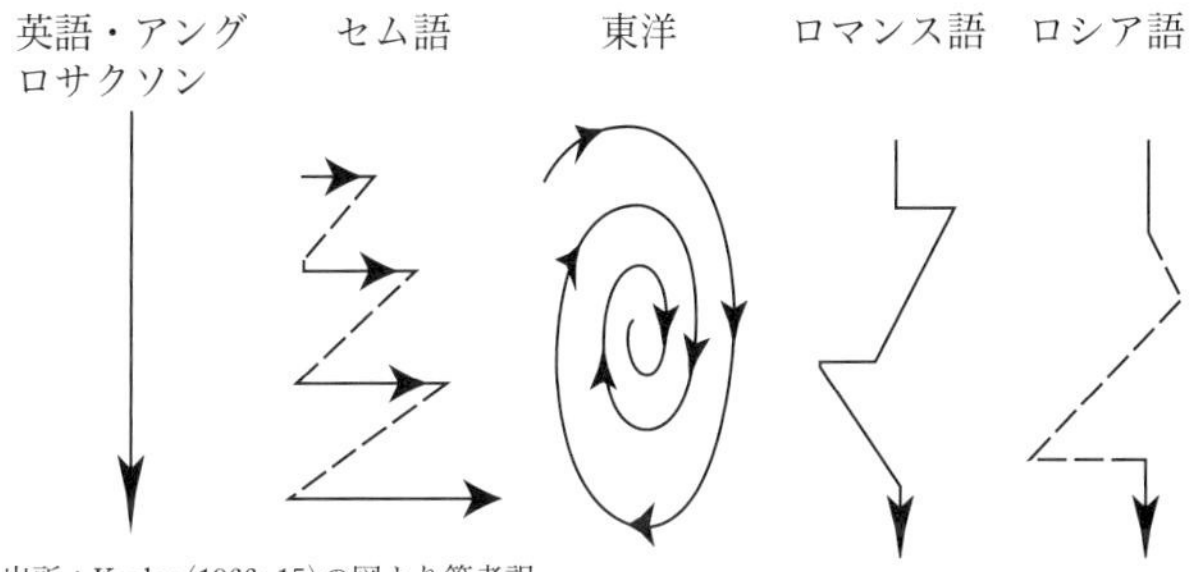


出所：Kaplan(1966: 15)の図より筆者訳

図 1-1　言語圏による論理展開のパターン

圏は類似することがらを詩の対句のように「平行」させて進む展開、東洋は渦巻きのように主題から遠いところより始めて「間接的に主題に近づいていく」展開、フランス語に代表されるロマンス語圏は余談を交えて「紆余曲折」しながら進む展開と分析されている。そして五つめのロシア語圏は、パラグラフ(段落)の間のつながりがパターン化できないとされている。アメリカ人のカプランにとってロシア語圏の学生の論理展開の解釈が困難だった理由としては、ロシア語圏では美辞麗句と慣用的な表現を使って儀式的に書いたり語ったりする伝統的なレトリックが広く用いられていること、また政治的な理由で意見の直接的な表明が差し控えられることなどが考えられる。論理的というと、英語圏の直線的な論理展開が自明で普遍的なものと受けとめられているが、カプランの分類を見ても、いくつかある型のひとつにすぎないことが分かる。

カプランによれば、読み手が「論理的である」と感じるには、統一性と一貫性が必要であるという。統一性とは、記述に必要十分な要素があることであり、一貫性とは、それらの要素が読み手に理解可能な順番で並んでいることである(Kaplan 1966: 5)。これらを総合すると、論理的であるということは「読み手にとって記述に必要な要素が読み手の期待する順番に並んでいることから生まれる感覚である」と定義することができる。

ここで重要なのは、「読み手にとって」という部分だ。世界に共通する普遍的な「必要な要素」とそれを並べる「順番」があるわけではなく、読み手がその社会・文化の中で馴染んだ型があり、そこにはいくつかのパターンが認められるということである。カプランが図で示した四つのパターンは、その型を視覚的に表現したものだった。「矛盾のないこと」が論理学の三原則のもとになっているように、前後の内容に矛盾がないことが作文でも重要である。しかし、その形式論理の無矛盾の原則を守った上で、読み手と書き手の間に作文に必要な要素とそれらを述べる順番についての合意が必要だということである。つまり論理的であることは、社会的な合意の上に成り立っているものだといえる。だからこそ文化圏によって違いが現れる。それは、言語や文化に左右されない論理学の形式論理とは異なる〈論理〉の考え方である。

> 論理的であること＝「**読み手にとって**記述に必要な要素が読み手の期待する順番に並んでいることから生まれる感覚である」↓論理的であることは社会的な合意の上に成り立っている

カプランは、「それぞれの文化は文化に特徴的なパラグラフの順番を持ち、言語のこの部分の習得は、その文化の論理システムを学ぶことに他ならない」と述べている（Kaplan 1966: 14）。このカプランの主張を各言語の文法の構造とパラグラフの構造の類似から根拠づける人もあるが、「必要な要素とそれを並べる順番」は文法という言語の内的システムのレベルではなく、レトリックが扱う作文／小論文の型（「構造／配置」）のレベルで考えた方がより有益である。各言語の文法の違いが論理の違いの理由だとすると、私たちは異文化で暮らしても母語の影響からずっと逃れられないことになる。しかしレトリックのレベルで考え、異文化の書く型を使いこなすことによって、異なる論理と思考法を手に入れることができる。

## 2　論理と文化――価値の選択と優先順位

カプランは英語で書かれた留学生のエッセイを分析したために、言語圏別に「直線的」、「平行」、「間接的」、「紆余曲折」の四つの論理展開のパターンを特定した。しかし論理のパターンに注目して文化を分類する方法は、言語や国という単位の他にも考えられる。たとえば、どの国(社会／共同体)にも共通して存在しているのが、政治、経済、法、社会という領域である。これらの領域には領域独自の目的と目的達成の手段が存在しており、それらを混ぜて使うことはできない。混ぜて使おうとすれば、道徳的な警鐘が鳴る。

たとえば、経済領域では効率的に最大限の収益を上げることを目的とするが、この目的を政治領域に持ち込むと汚職となり、法領域では違法となり、社会領域では不道徳となる場合が生じうる。このように四つの領域は独立して存在しているが、どの領域の論理と価値観を重視しているか、つまり国の統合の原理として採用しているかは、教育、とりわけ学校で教える作文を通して判断することができる。なぜなら、教育は知識や技術を教えるのみならず、当該国の伝統や価値観の伝授を重要な目的として持っているからである。

学校は人間形成という明確な目的を持ち、その目的に向かって子どもを形成（教育）する力が系統的に強く働いている。そのため、子どもたちが将来参加していく社会で正しいとされる行為の型やその背後にある規範、価値観がより明らかな形で現れる。もちろんひとつの国の中でも、地域によって、階層によって、異なる言語や習慣を持つエスニックな共同体によって多様な文化が存在している。しかし、そうした複数の文化的な集団によって構成されている国が、ひとつの国家（社会）として成り立つためには、統合する文化が必要であり、一般には支配層の文化が主流文化として学校（公教育）で教えられていると指摘されている（ブルデュー　2012）。

## 価値の選択に現れる文化――何が目的か

では領域が異なると何が変わるのだろうか。まず各領域は固有の目的と目的を達成するための手段を持っている。たとえば、経済ならば利益を上げること、平たくいえば儲けることであり、インプットに対してアウトプットの比重が高いことである。その目的達成のためには、計算による数値の比較によって最も効率がよく安価な手段を選択する。この時、早くて安い手段を選ぶことが重要であり、手段の選択に関して道徳的な配慮は後回しになるし、哲学的な考察は全く意味を持たない。それに対して政治領域では、公共の福祉という目的達成のために、何が公共の福祉になるのか、社会を構成する多様な人々にとっての共通善とは何なのか、その「目的自体」を吟味し、公共の福祉・共通善という理念／理想に適った手段を選択する。理念の吟味には哲学的な考察が重要となり、理想の追求には、理念に対する人々の合意が必要になる。

このように価値観とは、何を優先して何を後まわしにするか（犠牲にするか／切り捨てるか）、その順位づけに現れる。そして優先の順位づけは「何を目的とするのか」によって決まる。

価値観に紐づけられた論理を考える時、「どのような論理が各領域で成り立つのか」、そして究極的には「何のために思考するのか」という問いが私たちに突きつけられる。確かに演繹や帰納などの推論の形式、つまり道具としての論理的思考は多様な場面で役に立つ。しかしより本質的なのは、「どの領域のいかなる価値観のもとで思考するのか」という価値の選択と、その価値に合致した論理の使用である。経済の問題として捉えるのか、政治の問題として捉えるのかによって正しい結論と結論に至る道筋は変わってくる。これを単なる制度（領域）の違い、制度固有の表現形式の違いとして受けとめると、私たちはどのような価値観に基づいて思考しているのか、どのような論理を論理的だと受けとめて思考し、判断しているのかに無頓着となり、予期せぬ文化衝突に遭ったり、判断を間違えたりする。

目的の優先順位に価値観が現れる
「私たちはある価値観を優先し、その価値観に紐づけられた各領域の論理を論理的だと考えている」＝実質論理

では現実に、どのような領域を視野に入れて思考することが有益なのだろうか。

## 3　論理と合理性

### 論理的思考と合理的行為

思考することと行動することは別のように考えられがちだが、論理的に思考することと、合理的に行動することは連動している。なぜなら合理的であること／合理的な行為は、各領域の論理によって決まるからである。ある領域の論理のもとで合理的であることが、別の領域の論

理のもとでは不合理になる。この点をもう少し詳しく説明しよう。

合理性は、ドイツの社会学者ウェーバーの合理性の理論をもとに「形式合理性」と「実質合理性」の二つに大きく分けることができる(Weber 1978: 24–26)。

実質合理性は、「何が行為を決断するに値する価値を持つ目的なのか」という目的の判断に関する合理性である。それに対して、形式合理性は、決定済みの目的に対して、最も効率的な手段、あるいは理論上確実な手段を選択する合理性である。言い換えれば、実質合理性は、目的そのものの価値を考えて特定の理念/理想を達成しようとするのに対して、形式合理性は、特定の価値や内容とは無関係に、目的に対する「手段」を計算や法則/規則を適用して技術的/道具的に選択することを指す。

形式合理性の目的の達成に向けて「形式的に手段を選択すること」に合理性を認めると、計算による数値の比較考量によって、合理的な行為に順位をつけて判断ができる(経済合理性)。または法則/規則の適用によって合理的行為とそうでない行為の線引きができる(法手続きの合理性)。形式合理性においては、目的の達成に直接結びつく行為が合理的行為となり、目的が達成されたかどうかの判断もつく。それに対して、目的をなんらかの価値の実現に置いた場合、ある価値観が達成されたかどうかは、数値などの客観的な指標によって評価することができな

表 1-1　合理性と合理的行為の類型

| | |
|---|---|
| **合　理**<br>意識的に行われる行為 | **形式合理性**(道具合理的行為)<br>手段に関わる合理性 |
| | **実質合理性**(価値合理的行為)<br>目的に関わる合理性 |

出所：Weber (1978: 24-25)

いために、価値に照らして望ましいあるいは正しいとされる行為や、価値に整合的な態度を示すことが合理的行為となる。形式合理性は行為の「結果」を重視するのに対して、実質合理性は目的達成の「過程」となる「行為そのもの」に価値を置く。これら二つの合理性は、相反する合理的行為を想定しており、合理的に行動するといっても、どの合理性に基づくかをはっきりさせることが必要なのが分かる。

ウェーバーは、集団間の衝突はなぜ起こるのかに興味を持ち、葛藤の原因をこの合理性の違いに求めた。ある行為はそれ自体で非合理であることは決してなく、ある視点に立つとそれが合理的にも非合理にも見える。なぜなら合理と非合理の線引きは、目的と手段の間にどのような因果関係を見るのかによるからである(表1-1)。形式合理性の〈目的-手段〉の強く明らかな因果関係に対して、実質合理性の目的と手段は、ゆるく曖昧な因果の関係、むしろ因果というよりはある価値観と行為の間の理論の上での「論理的な関係」で結ばれている。形式合理性における手段選択の計算可能性と効率性は、実質合理性の

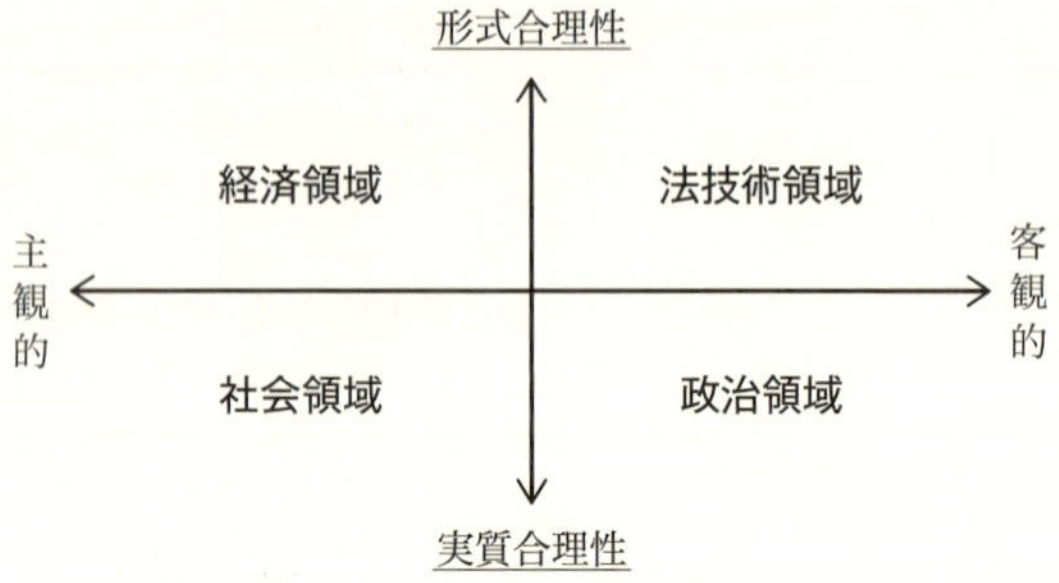


図 1-2　合理的行為の四類型と 4 つの領域

博愛や平等などの価値の重視との間に強い緊張関係を生み、これら二つの異なる合理性を用いる社会や共同体の間に和解し難い対立を生むとウェーバーは述べている。

これら二つの合理性に、目的と手段のつながりが「個人の主観」によって決まるのか、あるいは「集団によって客観的」に決まるのかという指標を加えて交差させ、四つの合理的行為のタイプが典型的に現れる領域を特定した。

図1-2は、これらの四つの領域に経済、法技術、社会、政治という名前をつけて二つの指標に従って位置づけたものである。四つの領域名称は、渡邊康雄の「多元構造対立モデル(Structural Conflict Model: SC Model)」の四つの価値判断の基準の名称を適用したものであり、次節に述べる各領域の説明も「政治領域」を除いて、主に渡邉のモデルの説明に依拠している(Watanabe 2004)。

各領域の価値基準に基づいて形式論理的に判断した時、合理的な行為が決まる

## 4　経済・政治・法技術・社会のそれぞれの論理

ここからは、合理性に関する二つの指標——形式・実質、客観的・主観的——から成る四つの領域の特徴を記そう。

### ①経済領域（形式合理性による主観的判断）

効率的に最大限の収益を上げることを目的とする。その目的のために、計算に基づく比較考量により、複数の選択肢の中から最も効率的かつ費用対効果（コストに対する利益）の高い手段を選ぶ。その際、手段そのものの道徳的・道義的な価値は問わない。この形式合理性の原則がありながらも、単一の目的に対して複数の手段から個人が選択する時、また競合する複数の目的

と手段の選択肢の中から個人が選択する時、そのいずれかを選択した場合の副次的な結果までを視野に入れると、いくら計算に基づいて予測しても、手段の絶対的に客観的な正しさは評価できないため、経済的判断における選択は主観的にならざるをえない（Brubaker 1983: 65）。

**② 政治領域**（実質合理性による客観的判断）

共有された理想の社会の実現という価値的な目的達成のために、合意された客観的な手続きに従う。政治的な理想は社会福祉や共通善など、個人の利益や関心を超える集団にとって価値あるものである。政治的な理想の実現には、個人の親切や同情、行為の正しさといった道徳ではなく、理想に近づくための法的・制度的手段が理性的に熟考される。理想であるため完全な達成は現実的には不可能だが、それに向かって慎重に討議し、合意形成して決定する態度と行為に価値が認められる。

**③ 法技術領域**（形式合理性による客観的判断）

目的も手段も個人から独立した集団、あるいは自然の摂理により所与のものとして客観的に提示される。自然法（自然界の一切を支配する理法、自然の法則、科学的な法則、自然に由来し古今東西を問わず当てはまる法律)、定言的命令として下される宗教の教義やイデオロギーなどを人間が従うべき絶対的権威と見る。これらの権威には絶対的な価値基準が存在し、目的と手段もそこから導かれているので、両方について人々はいつでも論理的に合意できる(Watanabe 2004)。所与の目的を達成するための手段も、所与のものとして一義的に決まるため、意思決定は技術的(テクニカル)なものとなる(Weber 1978: 65–67)。目的も手段も個人から独立して客観的に存在することがこの領域の特徴である。

### ④ 社会領域(実質合理性による主観的判断)

価値の志向は個人の中にそれぞれ主観的にあるものなので、目的にも手段にも社会の構成員の間で明確な合意がない(Watanabe 2004)。しかしそれぞれの価値に基づき行動する個人から構成される社会が統制と秩序を保つためには、他者への共感を通して、明文化されない緩やかな価値(和の尊重や譲り合いの精神など)のもと、その価値に適合すると考える態度や行動を「状況に応じてその場その場で」個人が選択する道徳心が求められる。価値の到達のための手段には様々な行為が考えられるが、その行為によってどれほど価値が達成されたかの客観的な評価は困難なため、目的の達成よりも、価値に向かう正しい「態度」や「意欲」が重視される。政治領域とは異なり、他者を憐れむ感情や親切心、場における行為の適切さや他者の共感が得られる行為に価値が置かれる。

## 四つの領域から考える利点

これらの四つの領域は領域独自の「目的と手段」をセットとして持ち、「何を優先させるか」が明確なため、それぞれが固有の価値観(価値の基準)を持っている。この四つの領域を取り上げる意義は、多くの社会でこれらの領域は併存していながら、どの領域を優先させるかに社会の価値観が現れ、当該社会の文化的な色合いが決まることである。

次章ではこれらの四つの領域を代表すると考えられるアメリカ、フランス、イラン、日本の作文の構造に現れる論理とその背後にある価値観を具体的に見ていこう。いよいよ私たちは四つの異なる論理に出会う。これらをアメリカの論理、フランスの論理、としてしまうと個別具体的で使いこなせないが、「四つの領域の論理」と捉えることで、各領域の原理をもとに四つの論理を使いこなすこと、つまり多元的思考ができるようになるのである。

第二章

# 「作文の型」と「論理の型」を決める暗黙の規範

## ——四つの領域と四つの論理

## 1　求められる作文の型を知る

四カ国でよく使われている作文の型を表2-1に示した。〈論理的〉であることの指標となる、作文に「必要な要素」とそれらが現れる「順番」は国によって大きく違っていることがひと目で分かる。この章では、四カ国の作文の論理と思考法の特徴を、①作文を書く目的、②作文に必要な要素と順番、③何が適切な「証拠」になるのか、の三点に注目して抽出していこう。

## 2　経済の論理――アメリカのエッセイと効率性・確実な目的の達成

経済領域は、効率的に最大限の収益を上げることを目的とする。その目的の確実な達成のために、計算に基づく比較考量により複数の選択肢の中から最も効率的かつ費用対効果の高い手段を選ぶ。経済領域のレトリックは「効率的か否か」が主導的な観点となる。学校で教える作文では、目的達成までの時間、つまり結論に達するまでに必要とされるステップの短さに効率性が現れる。

表 2-1　4カ国の作文の構造

| エッセイ<br>(アメリカ)<br>経済領域 | ディセルタシオン<br>(フランス)<br>政治領域 | エンシャー<br>(イラン)<br>法技術領域 | 感想文<br>(日本)<br>社会領域 |
|---|---|---|---|
| **序論**<br>主張 | **導入**<br>概念の定義、問題提起、3つの問いによる全体構成の提示 | **序論**<br>主題の背景 | **序論**<br>書く対象の背景 |
| **本論**<br>主張を支持する3つの根拠(事実) | **展開：弁証法**<br>a 定立(正)<br>b 反定立(反)<br>c 総合(合) | **本論**<br>主題を説明する3段落<br>細かな主題群の3つの展開や3つの具体例など | **本論**<br>書き手の体験 |
| **結論**<br>主張を別の言葉で繰り返す | **結論**<br>全体の議論をまとめて問いに答え、次の弁証法を導く問いを提示して終わる | **結論**<br>全体をまとめ、ことわざ・詩の一節・神への感謝のいずれかで結ぶ | **結論**<br>体験後の感想＝体験から得られた成長と今後の心構え |

エッセイの型
序論　主張
本論　主張を支持する三つの根拠(事実)
結論　主張を別の言葉で繰り返す

経済原理のレトリックを代表すると考えられるアメリカの五パラグラフ・エッセイは、証拠を挙げて主張の正しさを証明し、読み手を説得することを目的とする。このエッセイの最大の特徴は、最初の段落(パラグラフ)で結論となる主張が提示されることである。私たちが思考する時には、観察やデータの分析から徐々に結論に向かって推論を進めていくが、それをエッセイの型で書くには、結論を先に述べて実際の思考の過程を倒立させせる。

エッセイの効率性は、冒頭で「結論」となるべき主張が先取りして提示されるエッセイの目的論的な構造に起因する。最初に到達すべき終着点が示されるため、主張に関係のない情報が入りづらい。「主張の論証」という目的に向かって、主張を支持する「事実」を三つに制限してコンパクトに論じる。主張の根拠となる三つの事実の間の関係を論じる必要もない。結論へのステップの短さもさることながら、そもそも結論が冒頭に示されているため、読み手はすばやく書き手が何を言いたいかをつかむことができる。このエッセイの構造はよく的を射る矢にたとえられる。「主張」という射るべき的が冒頭に示され、的に向かって最短の距離で一直線に飛んだ矢が、的の真ん中に命中するイメージである。第一章で紹介したカプランの図の矢印（図1-1）がまさにそれを示している。

### 論理の入れ子構造

このエッセイの全体構造は、エッセイのパラグラフの構造にも同じ形で反映されている。全体と全体を構成する要素が同じ論理で貫かれているので、それが論理の一貫性と分かりやすさに貢献している。

エッセイの肝となる「主張」は、主題文と呼ばれてエッセイの冒頭に置かれ、あとに続くパラグラフではその主張を支持する具体的な事実が述べられる。同様に、エッセイを構成する各パラグラフも、冒頭にそのパラグラフの概要が一文でまとめられてあり（トピック・センテンスと呼ばれる）、その後に具体例で説明する文が続く。トピック・センテンスはパラグラフのどこにでも現れる可能性があるが、多くはパラグラフの冒頭に置かれるため、各パラグラフの冒頭の一文を拾って読んでいけば、全体の内容がすぐに理解できるようになっている。そして、各パラグラフの最後は、そのパラグラフの主張を短くまとめた小結論で締めくくられる。エッセイの直線的な論理展開と効率性、明快さは、この全体の構造と部分の構造の一致によって担保されている。

アメリカ式エッセイに馴染んだ者が、彼らにとって自明のこの入れ子構造を予想して作文を読み、その期待が裏切られた時、「つながりが分かりづらい」、「主張がぼやけている」、「きちんと論証されていない」作文である、つまり「論理的でない」と怒りにも似た感情が瞬時に起こるのは、この構造に込められた仕掛けの単純明快さからも理解できる。

### 演繹的な書き方——最重要から具体へ

作文教育研究で著名なモフェット（J. Moffett）は、主題を提示する文がどこに現れるかによって作文構造を二つに大別した（Moffett 1968）。主題提示文が最初に現れるものを「演繹的」作文と呼び、最後に置かれるものを「帰納的」作文と呼んだ。この分類によれば、アメリカのエッセイは、演繹的作文である。演繹的作文の完成度は、主題提示文である主張を頂点とした明確な「序列」の堅固さによって測られるという。つまり段落や文章は、主題に直接関係する最も重要な情報から、より詳細な補助的な情報へと並ぶ構造になっている。主張を支持する三つの事実も、最も強く主張を支持すると考えられる事実から順番に並べる。もとの事実に順番がついていない以上、どのように並べてもよいのだが、無自覚に列挙するのではなく、「主張の支持」という目的に照らして最も効果的な配列を考えることが求められている。

エッセイは、「前提」となる主張が最初にぽんと置かれて、そこから具体的事実を判断する演繹に似た形を取る。しかし論理学における演繹的推論の手続きそのものではないため、日本ではこの配置を「頭括型」——最初に主張を置き次に具体例で説明する構成——と呼ぶのが一般である。ちなみに、主張＝結論を最初に置く頭括型は、四カ国の作文のうちエッセイのみであり、残り三カ国の作文はすべて尾括型——主張が最後に置かれる——の構成である。

## 主張する訓練——「私は……と考える。なぜならば……」

この頭括型の書き方は、放っていて自然にできるわけではなく、意識的な訓練が必要である。

なぜなら、エッセイの型で書くには、先に述べたように実際の思考過程を倒立させなければならないからである。そこで、アメリカでは小学校一年生から「私は……と考える。なぜならば……(I think... because...)」と定型化された言い方で意見を述べる訓練を行う。そしてこの意見表明の方法がそのまま書き方の型になっている、オピニオン・ピースと呼ばれる簡単な「意見文」を書く訓練を行う。「私はこう考える。なぜならば」という言い回しが習慣化され、思考法として定着すれば、エッセイまでは一足飛びである。

## 何が証拠となるのか

五パラグラフ・エッセイで主張の正しさを証明する根拠には、科学的なデータや統計の数字、歴史的事実などの経験的な事実が好んで提示される。経験的な事実はそれ自体に議論の余地を残さず、またその正誤も検証可能であるために、主張を論証する材料として適切かつ強力なものだと考えられている。

エッセイの論証の適切さ、つまり証拠の適切さをチェックする際には、科学の仮説検証で用いられる「信頼性」と「妥当性」がよく引き合いにだされる。仮説検証における信頼性とは、同じ条件のもとで第三者が同じ実験/調査を繰り返して同じ結果が得られることを指し(データの信頼性)、妥当性は調査方法が確かに仮説を検証していること、つまり仮説とデータが因果関係で結ばれていること(調査方法の妥当性)を指す。翻ってエッセイの論証における信頼性とは、主張を支持する事実／情報に誰でもアクセスして確認できることにあり、妥当性は、事実／情報が確かに主張をサポートしていることである。エッセイでは根拠に当たる情報のチェックをこれら二つの基準で行うことで、科学の仮説検証と同じような客観性や厳密性を論証に与えようとしている。

### 経済領域の「逆因果で思考する能力」

経済領域においては、計算と比較考量によって最も早く確実な手段を選択して目的を達成することが重視される。目的を確実かつ効率的に達成するためには、常に結果からさかのぼって手段を決定する「逆向き設計」で思考することが基本となる。その前提となるのは、人は自然や人間関係を含む環境に目的をもって働きかけることで環境に影響を与えて、目的達成の条件を人為的に作り出すことができるという世界観であり自然観である。

思考過程を倒立させるエッセイの形式は、結論となる主張から逆向きに考える。この時、結論に関係しない情報をいかに削ぎ落とし、結論に直接的に強く寄与する情報を選択できるかどうかを見極める「分析力」が重視される。

アメリカの教育心理学者ブルーム(B. S. Bloom)は、教育目標の複雑性に対応させて認知能力を六つのタイプに序列化した。最初に習得されるべき能力は「知識」であり、その次に「理解」、その後「応用」、「分析」、「統合」と続き、「評価」が最終段階になっている(Bloom ed. 1956)。分析が知識や理解よりも高度な能力と格づけされているのは、「理解」が出来事の経過とその結果を時間に沿って説明することに留まるのに対して、「分析」は結果からさかのぼって、先行する様々な出来事がいかに結果に寄与したかを探る作業が必要であり、原因究明のためのもうひと手間があるからだと述べられている(Orlich 1985)。

こうした逆向きに因果をたどる思考法は、大学の入学審査の最終段階で最も重視される「志望動機のエッセイ」の書き方にも明確にあらわれている。志望動機のエッセイは「説得のエッセイ」に分類される。このエッセイでは、志願者には志望大学に入学するに足る能力と実績と明確な将来の計画があること、そして大学側にもこうした人物を入学させるメリットがあることが主張となる。その根拠として、これまでの書き手の経歴と志望大学での勉強および将来の計画が整合性をもって提示されなければならない。結論では、書き手の過去・現在・未来が矛盾なくつながること、すなわち志望大学への入学が必然として読み手に伝わることが重要である。

アメリカの入試は一三歳から始まるといわれる。それは、大学入学という目的から逆算して考えると、その頃から学業のみならず、芸術・スポーツ・社会貢献などの課外活動の実績を戦略的に積み上げる必要があるからである。そうしないと、志望動機のエッセイで、大学での学業の成功と、卒業後の計画が現実味を帯びたものとして過去の実績で論証できない。何より他の志願者との差別化ができない。「平凡」から「非凡」に近づく自分との闘いとして捉えられるアメリカの大学入試は、目的に向けて無駄がなく要領のよい若者が勝ち上がっていくシステムだといわれている(冷泉 2014)。そこで価値ある能力となるのが、逆向きの因果で思考し、目的に直接結びつく合理的な行為を判断し、実行することなのである。アングロサクソンの論理を「直線」と表現したカプランの感覚は、この目的達成志向で無駄を削ぎ落とす合理的行為のあり方にも呼応していると考えられる。

経済領域で用いられる「逆向きの設計」と、思考を倒立させたエッセイの型は、いずれも確実な目的達成のために逆因果で思考できる能力を求めている。

### エッセイの誕生――大衆化、個人主義、科学主義と経済効率

五パラグラフ・エッセイは、アメリカで高等教育の爆発的な大衆化が起こった一九七〇年代に、学生の多様な学力レベルや言語・文化的背景にかかわらず誰にでも簡便に書けるアカデミックな論文の書き方を模索する中で、大学の教員(応用言語学者)によって考案された(Kobayashi 1984; Christensen 1965)。最初のパラグラフと各パラグラフの冒頭の文章を読むだけで論文の主旨が分かる頭括的な書き方は、読み手を迷わせず、書き手である学生も試験問題に的確に答えられる点が長所とされた。何より結論先行のエッセイの構造は、大衆化された大学で、教員が大量の論文を素早く採点することを可能にしたのである。この書き方の利便性が認められ、エッセイは徐々に初等教育まで広がっていった(渡辺 2004)。

アメリカにおける作文法の改革は、一九世紀の終わり頃から大学入試制度の標準化を行う中で進んだことが明らかになっている(Hobbs and Berlin 2001)。人格の表現として華麗なレトリックが競われたラテン語作文から、正しい英語で、事実やデータを積み上げて論証する作文へと、作文の目的が大きく変わったのである。それはまた、ヨーロッパ型のエリート教育からアメリカ型の大衆教育への転換を象徴していた。

作文法の変化は当時のアメリカ社会の変化を映していた。一八世紀には政治的な権利と受け

とめられていた自由と個人主義が、一九世紀になるとすべての人々は出自にかかわらず競争に打ち勝つことによって社会的・経済的に上昇する、つまり立身出世ができるという新しい中産階級精神となってアメリカ社会を席巻した。この中でスペシャリストと呼ばれる科学的な専門知識を持つ階層が富を得るようになると、道徳的に中立な科学知識を社会のために役立てるという理想が生まれ、科学的な方法が政治、経済、社会の倫理的な問題解決にも適用されるようになった。事実やデータを積み上げて論を進める科学的な方法が、書き方と考え方の規範となると、アメリカでは「すべての社会問題は技術的な問題になってしまった」と嘆かれたほどである(Hobbs and Berlin 2001: 253)。科学重視は感情や情熱、意志や意図といった科学知では説明が困難な領域を疑問視し、説明から排除する風潮を生んだ。

二〇世紀になると科学的な経営管理によって最大限の効率を引き出すテイラー主義がビジネスや産業界を変えた。教育の分野でも、工場での生産工程を教育過程に適用して、合理化と効率化が追求された。成人の社会活動の実証調査に基づいて教育目的を決め、社会生活における実用性から逆向きに学校のカリキュラムが編成された。ソーンダイクに代表される行動主義心理学は、観察可能なすべてのことがらは数値化できると主張し、教育評価法に革命をもたらした。生徒の能力を試験で数値化し、能力別コースで教育する根拠と制度はこの時期に出来上がった(Ravitch 2000)。

この時、エッセイを数値化して評価する方法もソーンダイクらによって確立された。アメリカにおける現代レトリック(作文法)は、この行動科学的なアプローチを広く受け入れることで、レトリックをなんらかの目的を遂行するための「目的行為」として捉え、書き手の目的に合致した書き方を選択することが、「良い作文」の条件であるという基本概念が形成された(波多野1973: 32)。「物語」、「描写」、「説明」、「説得」は書き方の四つの基本型として学校で教えられ(これらはすべてエッセイ=作文の範疇とされている)、その中でも「説得」のエッセイがのちの五パラグラフ・エッセイの主流となっていく。

エッセイは「書く能力」と「学力一般」を評価するために用いられ、特に正確さ、明確さ、簡潔さといった科学的な価値観と経済効率が重視される評価法が推し進められた。五パラグラフ・エッセイという強力な型が創出されると、アメリカは大陸ヨーロッパ型の哲学や徳を基盤にした作文法と決別し、「大衆民主主義的」かつ「経済効率性」に優れた独自の書き方と思考法を手に入れた。

もちろん五パラグラフ・エッセイに対する批判も常にある。複雑な社会問題を五つの箱(パラグラフ)に収めるために、社会問題は単純化され、その結果、機械的な作文が大量生産されることになった。そして目的先行で十分な吟味が行われない意思決定も問題視されている。しかしこうした批判にもかかわらず、その効率性と簡便性ゆえに五パラグラフ・エッセイに代わる有効な型はいまだに現れておらず、現在でもエッセイを初めて習う小学校三年生から高等教育まで学力/能力はこのエッセイによって測られている。

結論を先に述べ事実で論証するエッセイの型は、文化的な慣習の影響を受けにくく、言語の違いによる表現法の影響も受けにくい。科学の仮説検証をモデルにした事実/情報の検証方法は価値判断からも自由である印象を持たせる。さらに余分な情報を切り捨てて三つの証拠に絞って論証するエッセイは、最も貴重な資源であり、利益を上げる機会ともなる時間の節約に寄与し、素早い決断を促す訓練ともなる。こうした利点から、エッセイの型は経済のグローバル化が加速した二〇世紀の終わり頃から、ビジネスにおける世界標準のコミュニケーションの型ともなっている。

## 3 政治の論理——フランスのディセルタシオンと矛盾の解決・公共の福祉

政治領域のレトリックは、慎重な政治的判断を行うために「十分な審議が行われたか否か」

が重要な観点となる。政治の判断は、多くの人々の生活や生命にまで影響を及ぼすからである。そのため政治領域では、「責務の倫理」が意思決定の流儀とされる。特定の結果を得るために、可能性のある選択肢と、その選択肢のもたらす結果について慎重に吟味する責務である。この責務の精神は、すべての政治的な目的を達成するために必要不可欠なものとされている(Brubaker 1983 : 107)。

### ディセルタシオンの構造と論理

「ディセルタシオン」と呼ばれるフランス式小論文は、弁証法を基本構造とする。弁証法は、論ずべき主題に対する「一般的な見方」、「それに反する見方」、「それらを総合する見方」を〈正 - 反 - 合〉の構成に位置づけて、〈正〉と〈反〉の矛盾を〈合〉で解決する。これらの三つの見方を検討する中で、結論を導くためにあらゆる可能性が吟味される。弁証法では、この吟味の「過程」そのものが重視される。「……は○○か否か」という二者択一の決断を行う場合も、両方の立場を検討し、〈合〉において「○○である」、「○○でない」の「はい/いいえ」を超える見方、すなわち極端に振れず、過去と現状を超える、より広く積極的なものの見方を提示することが期待されている。この弁証法の〈正 - 反 - 合〉の「手続きを踏むこと」が十分な審議が尽くされたことを保証すると考えられている。実際に、資格社会と呼ばれるフランスの資格試験で使われるディセルタシオンは、決められた型で書かないと、どんなに素晴らしい論文でも合格することはできない。型の「手続き通り」に書けることに意義を認めるのである。もう少し詳しくディセルタシオンの構造を見ていこう。その型は、次のようになっている。

**ディセルタシオンの型**

導入　①主題に関わる「概念の定義」、②「問題提起」、③「三つの問い」による全体構成の提示

展開　弁証法：ａ定立（正）
　　　　　　　ｂ反定立（反）
　　　　　　　ｃ総合（合）

結論　①全体の議論のまとめ、②結論、③次の弁証法を導く問い

ディセルタシオンは導入部分で、議論の中心になる主題を提示し、その主題を論じる全体構

成を示す。この時、鍵になる概念の定義を行い、与えられた問いの、どの側面について論じるかを書き手自身が提起する。これを問題提起と呼び、ディセルタシオンの肝となるものである。そしてこの問題提起を「問い」の形にして表明し、さらに展開部分の〈正－反－合〉を導くための三つの問いに分解して提示することで、論文全体の構成を読者に示す。

展開部分では、書き手が立てた先の三つの問いに答える形で、主題に対する「ある一般的な見方(正)」、それとは「相反する見方(反)」、これら二つを「総合する見方(合)」を提示してそれぞれの見方を文献の引用によって論証する。そして結論部分では、これまでの議論の流れを短くまとめ、与えられた問いに答えて結論とし、次の弁証法を想起させる新たな問いを提示して終わる(Rénauté et al. 2007: 181–182)。

### 弁証法で政治哲学の問題を解く

弁証法に馴染みのない日本の読者にとって、ディセルタシオンの展開はイメージしにくいと思われる。フランスで中等教育修了と大学入学資格を兼ねるバカロレア試験の哲学科目の問題を例に、弁証法のダイナミズムを感じてみよう(「例題」参照)。

この例では、「国家への服従は常に義務か」という問いの「常に」という言葉を中心にして主題を問題化している。国家への服従が義務であることは確かである。しかし、それは「常に」当てはまることなのだろうか。これを提起すべき問題とする。

定立と呼ばれる〈正〉の部分では、一般的に受け入れられている考えを論証する。ここでは「国家への服従は常に義務である」という、私たちが常識として受け入れている考えを〈正〉の主張として引き出し論証するために、「なぜ国家への服従は常に義務であるのか」を問う。この問いに答えるべく「なぜなら……」と論拠を述べ、よく知られた哲学者の理論を引用して論拠を例証する。ここでは、社会契約の理論家たちが定義した個人の生命や財産の保護、平和の維持などの「国家の有用性」のために服従は義務となる、さもなければ人は互いに争いあう自然状態に回帰し、それに伴うあらゆる不都合(恐怖、孤独、貧乏など)を被ることになるからだと主張し、ホッブズやスピノザを引用して例証する。このように、たとえ一般的に受け入れられている常識であっても、ディセルタシオンでそれを論証する必要がなくなるわけではない。

次に、反定立と呼ばれる〈反〉の部分では、「国家への服従は常に義務である」という主張を突き崩す反論を引き出すために、「なぜ国家への服従は常に義務とならないのであろうか」と問い、服従がもはや義務にならない場合を示して論証する。たとえば、国家による権力の濫用があった場合、国家への服従の根拠となった個人の保護などの役割を果たさなくなる。国家への服従は、国家がその役割を果たして有用である時には確かに義務であるが、国家がもはやその役割を果たさない時、または国家が果たしていると主張する役割について私たちが国家に同意できない時、そして国家との契約がもはや遵守されていないと考えられる時は、国家への不服従が可能になる。たとえばマルクスとエンゲルスは、国家というものを長期的には消え去るべき、抑圧的権力として示していると例証する。

そして〈反〉の部分の終わりに、〈正〉と〈反〉の議論を要約しながら、〈合〉への移行を暗示するさらなる問いを提示する。国家の有用性がなくなった時、不服従は可能になる。しかし、それは特別で例外的な場合においてである。国家がその役割を正しく果たしている限りはそれに服従することが義務だからだ。だが、国家が正当な義務を課す場合、それは服従という義務なのだろうか。社会契約の延長線上に「個人の意志」というものが向かう可能性が、むしろこの場合にはないだろうか、と〈合〉への移行を暗示する。

この移行の問いを受けて、〈正〉と〈反〉の議論を総合する主張を引き出すために、「なぜ国家への服従は常には義務ではなく、意志でもあるかもしれないのだろうか」という問いを提示する。この問いの答えとして、「国家への服従は常には義務ではなく、意志でもある」という〈合〉の主張を提示する。その論拠として、社会契約論に基づき「義務としてではない、選択

［例題］　問い：国家への服従は常に義務か（問題提起）

〈正〉「なぜ国家への服従は常に義務であるのか」
　**なぜなら**、それは国家の有用性のゆえである。
　「国家とは国民の生命と財産を守り平和を維持するものである」という定義に従えば、そのような国家への服従は常に義務である（**論拠**）。
　**たとえば**、国家の有用性を述べたホッブズとスピノザを引用して論証（**例証**）。

→〈反〉「なぜ国家への服従は常に義務とならないのであろうか」
　**なぜなら**、国家の役割と有用性は暫定的なものでしかないからである。
　国家が有用である時、服従は義務であるが、国家がその役割を果たさなかった時、その形態によっては服従が義務とならない場合もある（**論拠**）。
　**たとえば**、専制国家や独裁国家など、消え去るべき抑圧権力としての国家の定義をマルクスなどを引用して論証（**例証**）。

→〈合〉「なぜ国家への服従は常には義務ではなく、意志でもあるかもしれないのだろうか」
　**なぜなら**、義務としてではない選択としての国家への服従があるからである。
　社会契約論において個人との間に契約がかわされた後の国家は、直接民主制の形を取り、そこでは人々が自分たちで法を作る。このタイプの政体において、国家への服従とは、自分が望んだ法に服従することである（**論拠**）。
　**たとえば**、ルソーの社会契約論においては、個人が国家と完全な合意にある限り、国家への服従は個人の自由に反するものではなく、むしろ逆で、それこそが真の有効な自由、すなわち自分の望んだ法に服従することなのである（**例証**）。

出所：《La dissertation: exemple pratique de la méthode》（「小論文――作成法の実例」）netprof より引用。https://www.youtube.com/watch?v=kmvT8c0Tg6E（最終閲覧日 2023年2月23日）。netprof より翻訳引用改変許可取得済（2022年10月22日）

としての国家の服従がある」と述べる。社会契約論においては、個人との間に契約がかわされた後の国家は直接民主制の形を取り、人々は自分たちで従うべき法を作る。ここで国家への服従は、自分が望んだ法に服従することである。したがって、国家への服従は必ずしも強制という意味での義務ではなく、個人の選択や意志でもあり得る。たとえば、ルソーの社会契約論においては、個人が国家と完全な合意にある限り、国家への服従は個人の自由に反するものではなく、それこそが真の、そして有効な自由、すなわち、自分の望んだ法に自らの意志で服従することなのである。というのも、たとえ特定の法律に投票したわけではなくとも、契約をかわした以上は、その成立を望んだことになるからだと例証する。

このように、弁証法の流れでは、問いに対して「はい／いいえ」のいずれかの立場を取ってその立場を論証するのではなく、このような場合ならば「はい」という答えが、別の場合ならば「いいえ」という答えが妥当になるその条件を吟味して、両方の立場を論証する。注目すべきは、〈正〉における義務と服従の関係、すなわち国家に「強制的」に「従う」ことが、〈合〉においては、個人の「選択」であり真の「自由の発現」へと劇的に意味が変化していることである。国家に服従するという行為は変わらなくとも、それをどのような視点から捉えるかによって、同じ行為の意味づけが全く違ったものになる。この例では、「意志としての服従」を提示することで、「義務としての服従」と「不服従の可能性」を併せ持ちながらもそれらを超える、より積極的な見方に到達した。

弁証法で論じる際には、どの視点をどの部分に持ってくるか、そして全体をどうつなげるかは、多数の選択肢の中から選ぶので、「論理的に必然のつながり」というよりは、むしろ「合理的なつながり」、つまりすべてが逸脱することなく主題に沿っていることであると、ディセルタシオンを書き慣れたフランス人学生も述べている（住谷他 2005）。それは同時に「価値的なつながり」でもあるといえるだろう。〈正‐反‐合〉と進むに従い、より広い視点、つまり書き手が上位と捉える価値（定義）が〈合〉に置かれる傾向があるからである。

ディセルタシオンにおいては、〈正〉と〈反〉二つの視点間の「矛盾の解決」を行うことが目的であり、それが論文構成の原理となっているが、この矛盾は与えられた問いに常に明示されているわけではなく、書き手が鍵になる概念を定義することによって、積極的に反論を見つけ、矛盾を作り出さなければならない。「定義のもとにある前提に立つと、このような見方が可能になる」→「しかしその見方にはこうした不完全な点がある、あるいは反論が考えられる」→「そうであるならば、その不完全を補う、あるいは反論をも解決できる見方とはどのようなものだろうか」という論の流れを書き手自身が作っていくのである。

その一方でフランス人の議論が分かりづらいといわれるのは、矛盾の解決のために故意に矛盾を作り出すからである。

### 論理を支える「論証の基本ブロック」

ディセルタシオンにおいて、論の展開とともに重要なのが引用による厳密な論証である。ではは厳密な論証とはどのように行われるのだろうか。ディセルタシオンにおいてもパラグラフが全体構造を支える構成要素となっている。ディセルタシオンのパラグラフの内部構造は、「主張＋論拠＋例証」の三要素から成っており、これを「論証の基本ブロック」と呼んでいる。まず書き手の主張（視点）を述べ、次にその論拠を示し、その論拠を根拠づける例を引用によって提示する。そして書き手が示した引用の適切さを述べる。

〈正〉、〈反〉、〈合〉それぞれの視点は、通常三つの論拠とそれぞれの例証（引用）によって論証される。つまり展開部分では、三つの視点それぞれに三つの論拠、それら三つの論拠それぞれに対して三つの引用があり、こうした上部から下部に開いていく整然とした大きな構造の上に〈正－反－合〉の議論は成り立っている。この構造に従って書けば、バカロレアの四時間の試験時間は決して長くないことが分かる。

複雑な主題について筋道を立てて述べることができるからくりは、定型化されたこの構造にある。ひとつひとつの見解を「論証の基本ブロック」を積み上げて厳密に論証する。この構造を頭に描くことによって、読み手は構造に導かれて複雑な議論の筋を追うことが可能になるのである。

## 単純から複雑へ——配置の原理

ディセルタシオンでは、書き手の支持する見方から「遠いものを先に持ってくる」点で、エッセイとは逆の展開構造になっている。これは、反論しやすい問いの答えを先に持ってくることにより、ある見方の限界や問題点を指摘してその見方の前提を〈反〉で突き崩し、それを補完する次なるより大きな視点〈合〉へと展開していくためである(坂本 2022)。〈正‐反‐合〉それぞれの視点の論拠と論拠の例証も「重要度の低いものから高いものへ」、「表面的なものから深いものへ」、「より単純なものから複雑なものへ」と並べるのが一般である(ジュネット 1989: 39)。このようなエッセイとディセルタシオンの要素の並べ方の違いは、エッセイは序論で宣言する「結論(主張)」を重視するのに対して、ディセルタシオンは〈正‐反‐合〉の議論の展開に沿って見方が変化し押し広げられていく「過程そのもの」を重視することに起因する。

## 何が証拠となるのか

ディセルタシオンでは、〈正−反−合〉の各部分の論証には、古今の著名な思想家や作家による作品の厳密な引用のみが根拠になる。過去の遺産として共有された知識は、時の淘汰を経ており、それ自体の正当性について論じる必要はないからである。

ディセルタシオンにおいては「私がどう考えるか/感じるか」という書き手個人の意見や体験、感情は全く意味を持たないといわれる。実際にディセルタシオンにおいて「私は(Je)」という言葉は一度も出てこないし、書いてはならないのが規範である。

〈正−反−合〉の弁証法の構造を作るためには、著名な先人の意見を〈正〉と〈反〉で対決させて〈合〉を導く。そして〈合〉もまた先人の意見を引用して論証しなければならない。書き手は引用によって先人と対話するのみならず、自己の中でもソクラテス式の対話法を用いながら、ある主張の矛盾や暗黙の前提を明らかにして、それらを指摘し突き崩して〈合〉へと導くことが求められている。書き手個人の意見や立場にかかわらず、〈正〉も〈反〉も〈合〉も持てる限りの知識と教養を使い、死力を尽くして論証することが期待されている。

## 政治領域の構想力、俯瞰力、教養

ディセルタシオンにおいて論理的であるとは、書き手の「問題提起」に導かれた〈正－反－合〉の議論が明確に構造化され、かつそれぞれの視点が厳密な引用によって論証されていることを指す。弁証法においては、〈正〉、〈反〉、〈合〉のそれぞれの見方は、それ独自では意味を持たず、〈正－反－合〉の議論展開の「全体構造」の中に位置づけられてはじめてその役割と意味が与えられる。議論の「全体」が「部分」を意味づけるのである。ディセルタシオンで求められる能力とはこの「全体」を作り上げる「構想力」である。こうした論理を持つディセルタシオンの思考法とは、ひとつの視点で押し通さず、それと反する視点を必ず思い描くこと、その対立の中から矛盾の解決法を探すことである。

政治領域においては、個人の利益よりも公共の利益を優先させる政治理念を理解し、その理念を日常の判断や実際の行動に結びつけられる能力が必要とされる。ディセルタシオンの執筆を通して養われるのは、〈正－反－合〉の「全体を構想する力」、つまり異なる立場から距離を取り俯瞰的に眺められる能力である。複数の視点を分析して様々な可能性を探りながら、それを二項対立の形にして提示する。そしてそれらの視点が相反するかのように見せている前提を覆すことにより、対立を解消する新たなものの見方を提示する。与えられたテクストを論拠として弁証法の「決められた手続き」を踏んで論証できるかどうかの能力が試される。

そのためには〈正－反－合〉のそれぞれの視点から距離を取る「修辞学的な自己」を確立することが求められる。修辞学的な自己とは、華麗な文章を綴ることではなく、論証を目的として他人の意見も説明し擁護し、後で反論することになる意見すら活用できる「拡大された思考」を持つこと、つまり自らの考えと距離を取ることができる自己を指す(Ferry 1999: 47)。しかしディセルタシオンにおいて論証することは、個人の考えを放棄することではなく、むしろ逆で「他人にとっても通用する理由を自らの中に探すこと」である。こうして、個人的な思考と他者の思考とを結びつけることができるようになる。

この拡大された思考を実践するためには、限られた時間と空間に置かれた自己の経験のみでは十分でなく、先人の助けを借りなければならない。古代ギリシア・ローマに始まる知識は二〇〇〇年以上の蓄積があり、その中から〈正－反－合〉のそれぞれの視点を擁護する考えを見つけることができる。

さらにフランスの高校三年間で暗記した哲学や文学、歴史、美術史、思想史の知識が、社会生活のあらゆる判断や行動の根拠になるためには、ばらばらの知識が価値のフィルターを通して体系化され「教養」にまで高められる必要がある。この時、弁証法の型を使って思考し書く訓練が、政治的な価値に基づいて血肉となった知識を使いこなす力を養うのである。

## ディセルタシオンの誕生――市民の論理と思考法

ディセルタシオンは、自律して考え判断できるフランス市民(国民)育成のために一八世紀末に起こったフランス革命後、一〇〇年余りの試行錯誤の中から創られた。フランス革命は人権宣言を理念的な柱とし、法の下の平等、人民による人民のための政治を宣言して『政治的主体としての市民(国民)』を誕生させた。これ以降、フランスは統治者である国民の育成という大事業に取り組むことになる。そのため公教育の目的は、憲法をも真理として扱わず事実として教え、完成している法律の称賛ではなく、「この法律を評価したり、訂正したりする能力を人々に附与すること」を求めることとした(石堂 2013: 148)。近代の学校が国家を支える労働者と国家防衛のための兵士の育成を第一の目的としたのに対して、フランスはフランス革命の理念の実現を公教育の第一の目的にしたのである。

二一世紀の現代でこそ、「自律的に考え判断すること」や「批判的にものを見ること」が多くの国の教育目的として挙げられているが、近代の学校の創設時からこうした能力が切実に求められていたのは、フランスが一〇〇〇年以上にわたりキリスト教の道徳的、学問的、教育的支配にあったからである。こうした宗教と王権による長い支配から脱して、人間の理性に基づき自らを統治し、個人の利益よりも公正で平等な社会の実現を目指す「共通善の追求」が行えるフランス市民の育成が求められた。

しかし、フランスは革命後も王政復古や二度の帝政を含め四度憲法が書き直されるという政治の激変を体験した。この政治的混乱による血みどろの歴史を二度と繰り返さないために、極端に振れず熟考して判断できる政治的主体を創る教育の象徴として、そしてその具体的な手段としてディセルタシオンは創られた。ヘーゲル流の弁証法がバカロレア試験で用いられるようになったのは一九五〇年代と比較的新しいが、政治的主体育成のために、革命後あらゆる書き方とその教育の方法が模索された(渡邉 2023)。

実際にディセルタシオンの登場によって「暗記と模倣」が中心だった伝統的な教育は、生徒自らが構想し批評する教育へと大きく変化した(Prost 1968)。ディセルタシオンは、バカロレアをはじめとした多様な資格試験の中に根づいて「書き方と作文の規則を定め」、事務報告から博士論文、文学的エッセイまで制度化されたコミュニケーションの型として現代のフランス社会で機能している(ブルデュー&パスロン 1991: 166-167)。

## 作文に仕組まれた自律的思考と批判的思考

こうした歴史に照らしてディセルタシオンの構造を見ると、政治領域には欠かせない「既存の法律を評価したり訂正したりする能力」を育成し、「自律的に考え判断すること」、「批判的にものを見ること」が論文構造に否応なく組み込まれていることが確認できる。

まず自律的に考え判断する能力は、導入部分で主題のどの側面を論じるかを書き手自らが決定し問題提起すること、そしてこの問題提起に基づいて与えられた問いを三つに構成し直し、それらに答えていくことで養われる。与えられた問いに限定され誘導されるように「はい／いいえ」のいずれかの立場を選ばされるのではなく、問題のどの側面に重点を置くのかを自ら決めて、問いを変換することで、それ以外の答えを導く可能性を自ら開く。既存のものによりからず、自律的に考えさせるレトリック上の仕掛けと教育的な意味がここにある。

次に展開部分の〈反〉は、信じていたことを疑い、一度否定することで別のあり方へと目を向けさせる機能がある。常識と暗黙の前提を疑う哲学の思考法が論文構造の中に組み込まれているのが分かる。

さらにディセルタシオンにおいては、次の議論に移る時には「移行」の部分を書いて、それまで論じた視点をさらに問い直しつつ別の視点の端緒を開くことが求められている。たとえば、先のバカロレアの哲学の問題の〈反〉から〈合〉への移行では、「しかし不服従は、特別なケースに限られる。では実際、国家の役割はどこにあるのだろうか。本当に有効な義務というのはあるのだろうか。それがある時、社会契約を結びたいと思う個人はどうなるのか」と次々に問いを重ねて〈合〉へと導いていく。

「移行」の問いに導かれて徐々に視点を移動させていくことは、「白か黒か」という議論ではなく、グレーの部分も視野に入れて考える、つまり〈正〉と〈反〉の間に存在するであろう、あらゆる可能性をグラデーションで考えさせる効果がある。ヘーゲル流の弁証法を基本構造にしながらも、衝突ではなくグラデーションで考える態度は、「移行」に込められた、慎重な政治議論を行うためのフランス的なレトリックの工夫といえる。

また、問題に答えて結論を出したらそれで終わりではなく、ディセルタシオンは次の弁証法を導く問いで締めくくるのが理想とされている。なぜ最後に新たな問いを提示しなければならないかといえば、せっかく苦労して論証した結論も最終的なものではなく、歴史の中のひとつの過程であって、社会の変化に合わせて答えは常に更新されなければならないという価値観があるからである。それは、フランス革命はいまだ完成しておらず、革命の理念の追求は永遠に続くという政治理念を象徴している。導いた結論に満足せず、そこから新たな問いを立てて弁証法的展開を無限に続けていく態度を示すのは、ディセルタシオンを書く若者たちの政治的な使命であり、学校が伝える価値観である。

逆説的にもこうした自律の態度を支えるのは、フランス社会に共通の教養である古典である。古典の厳密な引用のみが主張の論証を可能にする。しかし先人の考えを学び暗記するのはそれに敬服するためではなく、あくまで書き手が弁証法で論じる際の「材料」として活用するためである。〈正－反－合〉で先人の考えを対決させることにより、共通の基盤を根拠に論じながらも「相手がたとえ天才であっても用心をしなければならない」、そして教科書に書かれたものでも盲目的に信じない、さらにもう一歩進んで「自分自身をも問いに付することができる」ようになる効用がある(森田 2005: 230)。ディセルタシオンは哲学の対話法をモデルに、現状を批判的に見てよりよく考え生きるための方法を小論文の型に落とし込んでいるのである。

ソクラテスの産婆法と呼ばれる問答法は、問いを立てて相手に答えさせ、さらなる問いによって相手の答えの矛盾に自ら気づかせることによって、それまでの考えを捨てさせて探究を進める方法である。この方法が「産婆法」と呼ばれるのは、相手の矛盾を指摘したり自己の知識を主張して相手をねじ伏せたりするかわりに、問い続けることで相手が自ら認識の幅を広げるように導く過程を産婆の仕事になぞらえたからである。ディセルタシオンでは、〈正－反－合〉

を導く三つの問いに答えていくことで、書き手に一人でソクラテスの産婆法の過程をたどらせる。この手続きを踏むことで、自分自身をも問いに付す哲学の思考法を身につけさせることができる。この哲学の思考法は生涯にわたってフランス人の思考法を方向づけるものであり、それが社会に出た時に、政治的主体として個人の判断と行動を導く。より重要なのはこの「思考法」を生徒に獲得させることであり、知識やイデオロギーを教え込むことではない。

バカロレア試験は論述試験であり、決まった型で書かないと合格できない。毎年五〇万人を超える高校生にこの高度な論文の訓練と試験を強いるのは、政治領域の思考法を身につけ、フランス市民になる通過儀礼としてバカロレア試験が捉えられているからである。実際にこの様式で考えたり書いたりできないと、中等教育の修了資格も高等教育の学位も、職業や社会的な地位もフランスでは得られない。フランスの初等・中等教育の言語のカリキュラムは、このディセルタシオンを書けるようになるために綿密かつ段階的に組まれているといっても過言ではない。こうした理念のもとにバカロレアの論述試験の訓練を行う高校の三年間は、フランスにおける教育の最上の部分であると高校教師たちは自負している。

その一方で高度な論証能力を求めるバカロレア試験、とりわけバカロレアの象徴とされる哲学の論述試験はエリート主義と非難され、論述試験の採点にかかる膨大な時間と費用も常に問題視されている。しかしディセルタシオンと、学校で習ったすべての知識を吟味にかける哲学教育は、常に知識人・政治家・教育者により擁護され、時流に沿ったディセルタシオンの型の模索が今なお続けられている。

政治領域が個人の利益よりも社会全体の福祉の優先を目的にすることを考えれば、弁証法で論じることは、個人の意見や立場を超えた広い視野を持たせるその手段と思考法を与えることになる。人間は放っておけば利己主義になるものだが、哲学の方法を借りながら「小論文の型」として学校で教え実際に書かせることで、利己主義を抑えて共通善について考え、そのために行動できる思考法を理知的に身につけさせるのである。

## 4　法技術の論理――イランのエンシャーと真理の保持

法技術領域のレトリックにおいては、「真理か否か」が重要な観点となる。真偽の判断を行う議論では、「結論(答え)が一義的(ひとつ)に決まること」が重要である。真偽の判断を行うのに有用なのは、論理学で形式論理の代表とされる三段論法である。三段論法においては、真実である大前提から始めて小前提で具体的事例を取り上げ、大前提で示された真の関係を具体的事例にあてはめることで、既知である真のことがらから未知のことがらが真であることを推測する。三段論法は、主に実証することが困難なことがらに用いられ、「形式の正しさ」が議論の正しさ、すなわち結論の正しさを保証する。三段論法は証明や議論において「真理の保持」を行うための演繹的推論の代表的な型である。

演繹的な推論は、多くの場合、帰納による裏づけを持っており、私たちを納得させるには経験に基づく帰納が必要であるが、演繹のみで成り立つ推論もある。それが法律と神学である。法律と神学は「成文法規」や「聖典」を真である第一原理として持ち、それをもとに様々な事象についての演繹的な推論を行う。三段論法の大前提となる第一原理（真理）を示す書物の存在が、法技術原理の思考とその表現法を特徴づける。

宗教の教義も法律も自然法も、所与のものとして、個人の外から与えられるため、それを個人が批判的に見たり議論の対象としたり、別のあり方を探ることは想定されていない。唯一資格を与えられた専門家のみに、第一原理を示す書物の解釈が許されている。しかも解釈の方法も、過去の注釈書を総ざらいして検証する手続きが厳密に定められている。そのため、学校で教える法技術原理のレトリックは、イランにおいては論証ではなく「文学的断片」という作文の形を取り、どのようなテーマを扱っても最後にはことわざや著名な詩の一節、あるいは神への感謝と称賛で結論づけることによって、「この世で受け入れられた揺るぎない真理」へと到達する型が示されている。以下では主にイラン教育省から刊行された作文教科書——二〇一九年刊行の小学校一年生から高校三年生までの一二冊——をもとにイランの作文と論理を分析していこう。

## エンシャーの型と論理

**エンシャーの型**

序論　主題の背景
本論　主題を説明する三段落
　　　細かな主題群の三つの展開、三つの具体例など
結論　全体をまとめ、ことわざ・詩の一節・神への感謝のいずれかで結ぶ

イランの学校作文は、作文一般と書く教育を表す「エンシャー」というペルシア語で呼ばれ、

初等教育から中等教育を通して主に四つの主題を扱う。それは、①自然現象について、②社会と道徳について、③宗教について、④国家について、である。イランの作文教科書によれば、こうした主題を扱う作文は特に「文学的断片」と呼ばれ、比喩や韻を踏む文学的技法を使い「美しくて響きがよく、印象的で記憶に残りやすい」数ページを超えない長さのテクストを指す。文学的断片は、人生の喜びや悲しみ、日の出や日没などの自然現象、革命や貧困といった社会的な事象を目撃したり体験したりして感情が高まった時、また、詩を読んで感性を刺激された時に生み出されるものだという。

文学的断片は「新聞や雑誌等の活字媒体でよく用いられている」のみならず、「ラジオやテレビ、サイバースペースにおいてもその広がりを見ることができる」といわれ、幅広い分野について、あらゆるメディアを通じて現代のイランで日常接するものであると指摘されている（イラン教育省 2019 高校三年：44–50）。フランスでディセルタシオンがコミュニケーションと思考の制度化されたモデルとして機能しているように、エンシャーの文学的断片もイランの思考とその表現法を代表する型だと考えることができる。

文学的断片を含むエンシャーは、序論で比喩によって主題を表現し、本論では比喩に関連づけて主題の内容を三つに区切って説明した後、結論で簡単に本文の内容をまとめて、作文のメッセージを的確に表現する、ことわざ、詩や聖典の一節、または神への感謝のいずれかの結びの言葉で締めくくる。

本論にあたる主題の三つの説明では、包括的な主題を三つの項目に分けて展開したり、三つの具体例を並列させたりするが、三つの項目は「全体から細部へ」と並べることがすすめられている。私たちが風景や絵を見る場合と同様に、まず全体を大まかに眺めた後に、より細部に注目する手順で書く。たとえば、「学校」という主題ならば、学校の建物から、教室へ、授業風景へと分けてこの順番に配置する。

エンシャーと呼ばれる作文一般に見られる〈論理的〉であることとは、作文全体を序論・本論・結論の三つに分け、そして本論を三つに分けて書くことである、それが「理路整然」と書くことを保証し、この基本構造に従うことが「秩序」に従うことを意味すると作文の教科書は述べている(イラン教育省 2019 中学校一年:9)。神の計画によって創られたこの世界は、「秩序の集合体」として捉えられ、自然も人間もその秩序に従うことは自明のことであり、「作文」という人間が作り出す人工物も当然その秩序に従わなくてはならないと考えられている。

## 決められた結論へ向かう旅——真理と規範を伝える結びの言葉

結論は一段落で書くことがすすめられており、「結論を出さずに、あるいは直接的な言い方を避けて、メッセージを伝えることが重要」であるとされる（イラン教育省 2019 中学校一年：28）。主題について読み手に深く考えさせ、主題に対する読み手の疑問に答えるメッセージを伝えるには、ことわざや詩の一節を結びに置くことが効果的であるという。

エンシャーの文学的断片の中で最も重要なメッセージは、この結びの言葉に現れる。なぜなら、長く共有されてきたことわざや詩は、個人の視点や経験を超えた揺るぎない「真理」を示すものと受けとられているからである。エンシャーは、あらゆる経験や自然現象をこの真理に向かって落とし込んでいくもの、そして共同体が守り続けてきた価値、道徳、規範を「作文のメッセージ」として感情の高まりとともに、書き手が読み手と一緒に再確認するものである。

ここで意見／主張の個性や独創性、新奇性は期待されておらず、むしろ共同体から与えられた期待通りの道徳的・宗教的に正しい結論に落ち着くことが重視されている。実際に作文教科書の例を見ると、主題が「自然」と「宗教」の場合は神への感謝や願いが、主題が「社会・道徳」だと詩の一節やことわざが結びの言葉として置かれる傾向がある。自然と宗教は神の属性として捉えられているのに対して、人間の社会で起こることには、時の淘汰を経て知恵が結晶したことわざや、この世の体験を昇華する詩の一節を置く。個人の体験や考えは、これらの結びの言葉によって意味づけられ、多様な言語と文化的背景を持つイランの人々の間の共通の解釈がここで保証されると考えられる。

エンシャーの特徴は、主題がいかなるものであっても、決まった結論、すなわち道徳的・宗教的に正しい結論に向かって落とし込まれていく展開をたどることである。作文教科書で書き方の多様な技術や形式を紹介してお手本を示しても、この特徴は保持される。イランにおける作文は様々な主題を扱いながらも、それぞれの主題の多様な側面を、すでに決まっている結論に向けて準備する「目的論的」な志向が作文を書く論理を作っている。

結論を決めてから書き出すことは、欧米では作文を書く時の鉄則だが、その結論がすでに外から与えられているもの、とりわけ真理であり規範として社会や宗教から定言的命令として下されていることを、神への感謝やことわざ、詩の一節に収斂させることが、イランの思考とその表現法を特徴づけるものである。

## 法技術領域の「真理を見極める能力」

イランの大学入試は日本の共通試験のようにすべて多肢選択式で行われており、論述する能力が問われることはない(二〇二四年現在)。しかし、すべてのことがらを、ことわざや詩の一節などを通して「真理」へと落とし込んでいくエンシャーで養われた能力は、入試問題を解く能力と親和性がある。「ペルシア語と文学」科目の読解問題は、与えられたテクストと同様の意味を持つ文を選択肢の中から選ぶ形式になっている。この読解問題でテストされているのは、異なる時間と空間の中に一貫して現れている原理や法則を見極める能力である。

たとえば二〇一四年の試験では「もし宝石が下水の中に落ちたとしても、それが宝石であることに変わりはなく、もし塵が空高く舞い上がったとしてもそれは塵であることに変わりがない」という韻文と同じ意味を持つものを選択肢から選ぶ問いが出題されている。選択肢の文章は、異なる時代の宗教、文化、社会、自然科学など幅広い領域から引き出される比喩を含んでおり、いくらペルシア語が堪能な者でもその象徴的な意味を限られた時間で把握することは難しい。「ペルシア語と文学」科目の二五問の多肢選択問題を二七分程度で解くためには、じっくり考えることはできず、むしろ反射的に答えが見つけられるほど、原理を暗記し身体化していることが求められる。そうでなければ、日常の何気ない行動や判断がその原理に従って正しく行えないからである。ここでは、フランスのように自律的に判断したり批判したりするための熟考や長考は必要なく、むしろそれは原理の遂行を邪魔するものとなる。

## エンシャーの歴史――声の文化から文字の文化へ

イランでは書くよりも話すこと、つまり文字の文化よりも声の文化が伝統的に重視されてきた。ペルシア文学が誇る数々の著名な詩も、イスラームの聖典であるコーランも暗誦されることを前提にしている。学校教育においても長らく「話す」ことが重視されてきたため、書く教育は文法と綴りの正しさや文章表現に特化し、自然・宗教・道徳に関わる定番の課題作文を散発的に書くのみであった。作文の評価もきちんと行われてこなかった。

「書く」教育の重要性が認識されるようになったのは、グローバル化の進展とともに国際的に奨励されるようになった「思考力の育成」、さらにデジタル化という新たなメディアにおける文章表現能力の価値の高まりがその背景にある。児童生徒の思考力を育成してアカデミックな力を向上させ、新たなメディアに対応させるためには、書く教育を体系的に公教育に導入する必要があると認識され、二〇一四年には書く技術と教育を促進するためのナショナル・コンフェレンスがテヘランで開催された。このコンフェレンスでは、教育学のみならず、心理学、社会学、文学、言語学の専門家とイランの言語政策に関わる専門家に加え、著名な児童文学作家や教師も集い、それぞれの立場から書くことの意義が述べられて作文教育導入の必要性が確認された。コンフェレンスの翌年（二〇一五年）にはイランで最初の作文教科書（中学校一〜三年）が編纂され、二〇一七年には小学校から高校まですべての学年の作文教科書全一二冊が刊行された。

イランの初等教育から中等教育においては、教育省で編纂・印刷された全国統一の国定教科書がすべての教科と学校で使用されている。教科書には政府が認める公式の見解や価値観が反映されており、多民族、多言語、多文化で構成されるイランにおいて、教科書は主流文化を伝える最も強力なメディアである。しかもイランでは、すべての教科書を一言一句違わずまるごと家庭で暗記させ、児童生徒がどれくらい完璧に暗記したかのチェックを教師が授業で行うことが学習方法の主流となっている。

作文教科書は国語の教科書と連動して構成されており、イランの価値観や道徳が色濃く反映されている国語教科書と比べて、作文教科書は書く技術に特化していることが強調されている。確かに作文教科書には、マインドマップなど発想の図式化やパラグラフ・ライティングの方法など西洋式の最新の書く技術が紹介され、高校の教科書では学者が使うアカデミックな論文の書き方の紹介までが掲載してある。

しかし作文教科書の編纂によって全く新しい作文の型が作られたわけではなく、イラン国内外での経験の積み重ねの蓄積を、有益で学術的な形に示したものを提示したと教科書で述べている(イラン教育省 2019 中学校一年:6)。それが文学的断章である。散文に詩を織り込む形式は、ペルシア文芸独特のものである。作文教科書に最新の書く技術が紹介されていても、その直後に古典の物語と詩を現代語に書き直させたり、ことわざの意味を反映させた短い物語を書かせたりする練習問題が繰り返し現れることにより、帰るべき場所は常に示され、声の文化の伝統を持つイランの思考とその表現法の保持に寄与している。

文字の文化と声の文化の最も大きな違いは、書く場合には前もって全体の構造をじっくり考えられるのに対して、口頭で伝える場合、頭の中で構造化して結論を導く方法は取りづらいことである。そのかわりに口頭では、決まった韻を踏む膨大な量の語彙を習得したり、ことわざを構成の原理として用いたりすることによって、もとの話やトーンを変えることなくその場の雰囲気や聴衆の要望に合わせて詩や話を無限に作り変えることができる(オング 1991)。この声の文化の即興性と創造性は、ことわざや詩を使った物語を書く練習問題を繰り返すことによって保持されていると考えられる。イランを訪問すると、即興で作られた詩が公の場で朗唱されたり、ことわざを話に入れ込むことが別の話題に移るサインとなったり、場の設定に役立ったりという場面が日常で観察される(渡邉 2023)。このように、詩やことわざが現代のイラン社会の中で果たす役割を理解すれば、それらを作文教育から外すことは考えられず、むしろ声の文化の伝統をいかに書く文化の中に受け継いで、新たな作文の型を作り出すかがイランの教育にとって今後の課題となるだろう。作文の型は思考の型を形成する。それが社会の主流文化と切り離されたものであれば、根づかず廃れるか、社会に適合するように似て非なるものへと性質を変化させるからである。

## 宗教教科書に見るイスラームの論証の方法

イランの作文教科書には、論証を目的とした意見文や小論文などの作文形式は含まれていない。唯一の例外は高校三年の作文教科書にある学術論文の書き方の紹介だが、大学入試でも論述の問題が出題されないイランで、学術論文の訓練が行われているとは考えにくい。

しかし論証の典型的な形は、宗教教育の教科書に示されている。教科書に示された宗教に関わる論証には三つのタイプがある。一つめは信仰の根幹に関わる神の存在の証明であり、二つめには、神の存在を受け入れた後で諸法令に服従しなければならない主張の論証形式、そして三つめには法学者が法の解釈を行うための論証方法である。

人間の五感を通しては直接知覚できない、また数学のような論理と論証力のみによっても確かめられない神の存在をどのように証明できるのだろうか。イランの宗教の教科書によれば、神は物質的な存在ではないので、人間の「感覚と経験を利用して、世界に存在する「秩序」を確認」し、その秩序を「徴《しるし》」として神の存在の認識へと導くという。そして「因果証明」を論拠のひとつとすることで、人間の理性によって世界が神により創造されたものであることを確認できるという(イラン教育省 2008: 28)。[論証例]として、宗教の教科書に記された論証の手続きを示した。

宗教の教科書では、コウモリの夜間の魚捕りからニュートンの万有引力の法則まで自然界の複数の例を挙げて、これらは部分の全体への貢献による秩序集合体の存在を示し、偶然はこれらの緻密かつ壮大な秩序をもたらすことはできないことを根拠づけていると述べている。そしてフランシス・ベーコン、アインシュタインとダーウィンの言葉を直接引用して、神の存在の根拠としている。神の存在への反論として受けとめられることが多い進化論についても、進化論に基づいて出現してきた生物が数百万年の流れの中で自然の秩序と調和を現しているのは、計算しつくされた神の監督の結果であると、反論を予想した論拠と根拠を示している。

こうして自然界の事例と著名な科学者たちの著書の引用によって神の存在を信じるに足る論拠と根拠が示され、そして来世についても論証が行われると、宗教の教科書ではこれらの前提に立ってイスラームの教えを体系的に説明し、従うべき諸法令を示している。ここからは、諸法令に服従しなければならない主張を論証する、二つめの論証の形式が使われている。ここで論拠と根拠になるのは、絶対的な規範の根拠である聖典コーランである。「イスラームではこのように定められている、なぜならコーランにこのように書かれているから」という論拠づけ、あるいは「コーランにはこのように書かれている、だからこのように行いなさい」という根拠づけである。

諸法令の根拠となるのは預言者が聞いた神の言葉とされるコーランと、預言者の言行集のハディースである。コーランが、預言者の口を借りて伝えられた神の言葉であるとされていることを考えれば、政教一致の統治体制を採るイランにおいて、これ以上正統性のあるテクストはない。

イスラームの諸法令は、道徳・儀礼的規範のみならず、結婚から遺産相続、売買や刑罰など社会生活のあらゆる側面をカバーしており、たとえば決められたお祈りをしなかった時にその罪をつぐなうための行為、お祈りはしたが心を込めて行わなかった時のつぐないの行為など、原理原則に照らして正しく行為がなされなかった時には、その場合に応じてやるべきことが詳細かつ厳密に決まっている。目的と目的に対応する手段が常に示されている法技術の原理の本

［論証例］「神の存在を知ることができる」主張の論証

【前提】 秩序の集合体とは、すべての部分がひとつの目的のために相互に協調することから生まれる。

【主張】 世界に存在する秩序の集合体を確認し、その秩序を徴と見ることで、神の存在と、神の目的と計画を知ることができる。

【論拠】 なぜなら、自然界におけるものやことがらには、多様な状況がありえる中で、秩序を体現する特定の状態が集合体となり現実に存在することは、偶然では説明できないからである。それほどに秩序の集合体は完全なものである。

【根拠(例証)】 たとえば、
①人間の各部分や器官はそれぞれがその役割を果たすことで、人間という全体の生命を維持する目的を果たしている。
②ニュートンの万有引力の法則も驚くべき太陽系の秩序を示している。
③西洋の著名な科学者たちも、彼らが発見した自然法則の背後に神の存在を確信し書物に記している(科学者たちの書物からの引用)。

【結論】 したがって、神は存在し、秩序の集合体の徴から神の目的と計画を知ることができる。

(イラン教育省 2008:33-39 より筆者がまとめた)

質をここに見ることができる。

では、神の存在や来世についてはコーランの正統性に依拠せず丁寧な論証を行うのに対して、なぜ宗教諸法令はコーランに依拠するのだろうか。それは、宗教の根幹に関わる神の存在や来世についての信仰は、各人が確信すべきであって、強制的に従わせることは避けるべきであるのに対して、それがいったん受け入れられれば、宗教の諸令には必ず従わなければならないからである(イラン教育省 2008: 108)。これら二つのことがらの違いは、先に述べた論証と根拠づけの方法の違いに見ることができる。

イスラームの宗教教育には三つめの論証の方法がある。それは、イスラーム諸学の専門家を養成する宗教学院の論証の方法である。専門家の中でも最も権威があるのが、法の解釈が許されるイスラーム法学者である。この法学者を養成する宗教学院では、教師はある法学的課題を取り上げ、その課題についての過去の解釈をひとつひとつ述べた後、最後に自分の見解を述べる。その後は一転して過去の解釈の批判をひとつひとつ丁寧に行いすべて論破して、自分の考えが正しいことを証明する。最初に自分の見解を述べる者もいるが、少数である。学生はこの方法に倣った議論の訓練によって、イスラーム法について自ら推論ができるようになるという。宗教学院では、教師の書いた本を手本にコーランの膨大な過去の解釈を学び、それらの解釈を要約したり書き取ったりしてすべてを暗記する。「これほど故事に特化した勉強法はない」といわれるが、コーランとその膨大な解釈の暗記の上に議論の訓練を積むことで、解釈が許される域に達するのである（渡邉 2023）。

イスラーム諸学の専門家を養成する宗教学院での学びと訓練は、学校の宗教教育とは明らかに一線を画すものである。法に従う者と、法の解釈をして判断を下し統治する者との間には、宗教の知識と知識を扱う方法において大きな隔たりがあることが論証の方法の違いからも理解できる。イランにおいては、イスラーム法と法の学識が正統性と権威の源になるのであり、「必ずしも最善の選択をするとはかぎらない民衆の意思や投票に依存することなく、自らの学識と信仰とに基づいて」法学者は指導と統治を行うことができるのである（桜井 1999：122）。

西洋を中心とした現代の多くの国で重視されている「論証すること」は、イランの作文には馴染まない。実際、論証型の小論文の形式はイランの作文教科書には含まれていない。社会で練り上げられたことわざや、この世の経験を昇華させる詩の一節、そして神の為したこの世界のことがらはもはや議論する必要もなく個人が変えることもできない客観的な真理として存在している。長い時間をかけて継承されてきたこの世の真理と、神が示した真理が世界を意味づけ保証してくれるならば、人間（とりわけ学校で学ぶ児童生徒たち）がそれを論証する、すなわち五感や経験を通した事実によって証明する必要はないからである。

## 5 社会の論理――日本の感想文と共感

社会領域のレトリックも論証の形を取らないが、ここで重視されるのは社会の構成員から「共感されるか否か」である。法技術領域に見られるような普遍的・絶対的な倫理ではなく、共同体を成り立たせる親切や慈悲、譲り合いといった「利他」の考えに基づく個々人の「善意」が社会領域の道徳を形成する。道徳形成の媒体となるのが「共感」である。

社会領域のレトリックを体現するのは、日本の感想文である。日本では論証を目的とする意見文や小論文という作文の型があるが、多様な場面で日常的に書かれている感想文と比較すると、論証を目的とした作文を書く機会は圧倒的に少ない。感想文は名前を変えて大学や職場でも書かれており、意見文の書き方にも影響を及ぼしている。「子どもの作文」といわれ、日本人が論理的に書けない元凶と揶揄《やゆ》される感想文だが、実は独自の論理を持ち、社会領域に特徴的で重要な役割を果たしている。

感想文の構造と論理

**感想文の型**

序論　書く対象の背景
本論　書き手の体験
結論　体験後の感想＝体験から得られた書き手の成長と今後の心構え

感想文とは「生活の中の直接の体験や、自己の見聞、読書、視聴したことについて、自分の感じたこと、思ったことを書き表した文章」だと定義されている(国語教育研究所編 1996：209)。感想文を書かせる目的は、「生活の中で経験する事象をよくみつめ、判断し、感じたり考えたりしたことをまとめて表現する能力を養う」こと、それは最終的に「事象に対する認識力、判断力、思考力、洞察力、想像力、感受性を高める」ことにつながると作文の指導書で述べられている。感想文は、認知・思考・感性・態度の全方位的な能力の育成を目指していることが分かる。

この定義が示すように、日本の初等教育・中等教育において「感想文」は極めて多様なことがらを対象に日常的に書かれている。たとえば、日本の作文の定番となっている、本の読後感を書く「読書感想文」と、修学旅行や運動会などの特別活動が行われた後に書く「行事感想文」(卒業文集もこれに含まれる)、社会見学や体験学習などを行った後の「見学感想文」、見学の対象が美術館や映画などの場合の「芸術鑑賞感想文」、各教科でひとまとまりの学習が終わった際に何を学んだかを書く「学習感想文」、与えられた課題を調べて感想を述べる「調べ読み感想文」、学校生活、家庭生活、社会生活について与えられた課題で書く「感想文」がある。これらの名称が示すように、基本的にあらゆる対象を扱う、日本の学校教育における「書き方の基本型」であり「万能の書く様式」となっている。それだけに、目的が明確にされず教師の漠然とした指示によってかなりな頻度で書かれているという課題も指摘されている(国語教育研究所編 1996: 211)。

このように、書く対象によって様々な名称がつけられている感想文だが、書く様式としては共通の型がある。序論で書く対象の背景と書き手が対象に対して持っていた感想(理解・知識・考え・感情)を書き、本論で対象を通した書き手の体験を述べ、結論で体験後の感想を述べる三部構造である(国語教育研究所編 1996)。体験の前後での書き手の気持ちや考えの変化を感想という形で述べさせる根底には、体験を通して何を学んだのかを書く、つまり体験を通した自己の成長の軌跡を描かせ、その体験を今後どう自己の行為や生き方に生かすのかを考えさせる目的がある。読書感想文はその典型であり、読書によって書き手のものの見方や考え方がどう変わったのかが感動をもって書かれており、それが読み手に伝われば読書感想文は成功である。

ここで感想そのものの質を保証するのが「当事者性と切実性」をもって書くこと、つまり「自分の生活や生き方とどう関わるのか」という視点を持つことである。それがないと平板な作文になりやすい。構成においても、本の内容や体験の一部始終をだらだらと書いたり、見聞きしたことを網羅して、それぞれについて感想を述べたりする網羅型にはしないで、「自分との関わり」と「自己の変化」という視点から焦点を絞って三部構成で書くことが重要だと指摘されている(国語教育研究所編 1996: 220–221)。

このように体験を切り取ってひとつのストーリーとして構成するには、〈起－承－転－結〉が効果的で、特に〈転〉の部分で驚きが表現されると書き手の変化が伝わりやすい。もともと漢詩の構成法として日本に伝わった〈起－承－転－結〉は、物語のレトリックだと受けとめられているが、日本語による多様な語りを構造化する唯一の組織原理であるとされ(Hinds 1980)、感想文にも効果的である。感想文の目的は自己の成長を物語ることなので、どのような題材・

主題を扱っても展開的記述となりやすい。そうした展開の記述に変化をつける役割を果たすのも〈起－承－転－結〉である。四コマ漫画はこの型の典型例である。

### 他者との共通感覚と道徳の涵養

個人の認知・思考・感性・態度の成長を描く感想文には別の機能があり、それは学校で感想文を書く実践の中に見つけることができる。学習の成果を自己の成長の結果として表現する時、書き手のものの見方や考え方を変化させるのに他者の力を借りることが重視されている。なぜ他者が重要なのかといえば、他者の多様な考えや価値観に触れることが自己の見方・価値観を考え直す機会を与えるからである。

たとえば国語では、学級全体でテクストの読解を行い、それぞれの読み取りを発表させて多様な見方・考え方があることに触れさせる。そのために、答えが一義的(ひとつ)に決まらない主人公の意図を問う質問がよく投げかけられる。主人公の意図を読み解く手がかりとして、主人公の言動とともに場の状況や自然の描写に注目させ、主人公になりきって考える方法が採用されている。主人公の意図の解釈には、解釈する者の価値観が反映されやすく、解釈に紐づいた児童生徒たちの多様な価値観が示されるからである。とりわけ初等教育の読解では、読みの正解を得ることよりも、多様な価値観について意見を言い合うことで、教室という小さな共同体に参加させることをより重視している。読解の授業は、多様な子どもが集まる教室を「『相互無関心』を許さず、『協力と相互交換』を迫る空間にする」と小学校の授業分析を行った埜嵜志保（2016: 94）は指摘している。

国語教育における文学の取り扱いを歴史的に分析した幸田国広によれば、かつて文学の鑑賞によって行われた人間形成は、一九八〇年代以降物語の「正しい読み」を目的とする「読解」に重点が移ることで、「登場人物の心情の変化を場面の展開に即して読み取る授業が一般化し」、この定型化された正しい読みの方法と徳目が結びつくことで国語教育は「『隠れた道徳教育』を内に抱え込」むことになったという（幸田 2021: 194–195）。なぜ「隠れた」道徳教育なのか。それは、登場人物の状況に身をおいて気持ちを察すること、つまりひたすら登場人物に共感する一方で、善悪の基準や行動規範は、教師によって明示されないからである。それは児童生徒が読みの共同作業の中で個人的につかみ取り、感想文で表明するものである。学級での読みの体験を自己の体験に関連づけて感想文を書くことにより、解釈の共同作業は再び個人に投げ返されて深化を遂げる。しかもこの変化は二度起こることが期待されている。お互いの意見を聞き合って異同を確認してから感想文を書かせ、書いた感想文を発表させて友だちの作品との異同についてさらに考えさせるのである。感想文を書くことは、読解の一連の体験を通した読みの変化や獲得した価値観、思いもよらなかった他者の価値観を内省的に振り返らせる機能を持つ。

### 間主観・共感と社会秩序の維持

感想文で期待されているのは個人の体験・感情・生き方を社会の構成員である他者と共有しうる「共通感覚」として表現すること、つまり「間主観」——個々の主観が他者との相互の修正を経て、複数の主観の間の一致を見ること——の表現として提示することにある。ここでは、普遍的・絶対的な倫理というよりは、共同体を成り立たせる親切や慈悲、譲り合いといった「利他」の考えに基づく「善意」が間主観と道徳を形成する。この間主観が成立した時、ある場面における個人の感情と他者の感情のあり方が一致した時には共感が生まれ、ズレが生じた時には、学級という小さな共同体の中で「感想を言い合い」、「友だちの意見によって自己の意見が変わる」ことでズレを調整する。この時、教師が支配的な意見を強要したり、強制的に変わらせたりすることは極力避けられ、読解を学級の共同作業に委ねて多様な感情の持ち方や価値観に触れさせながら、それらをストックとして児童生徒に蓄えさせ、身の振り方を考えさせるのが社会領域の特徴である。しかもこの過程を通して得た意見は、自分で選び取った自主的なものと児童生徒は認識する(渡邉 2023)。

こうして獲得された道徳観は社会生活のあらゆる場面で発揮され、社会秩序の維持に貢献する。個人の中に住み着いた他者の目を通して状況を把握し、その場に合理的な行動――この場合は、共感が得られる行動――を取れるようになるのである。「あなたはどう感じるか、思うか」という「あなたの気持ち」を常に問われ、書き、他者と確認しあった体験が、社会領域に特徴的な思考法を形成する。それが他者になったつもりで感じ、他者の意を汲み取って、自らの身の振り方を考える思考法である。それは共感を媒介にして行われる。

他者の置かれた状況に自己を置き、他者が五感を通じて感じているであろう感覚を自己も感じることにより、よりリアルに他者の苦しみや喜びを感じることができる。そして他者の思いや期待をまさに自分のこととして感じること(共感)によって、他者の期待に応える適切な行為を推測することが可能になる。

道徳の起源は、共感を通じて他者の苦しみや喜びを理解することであるとは、古代ギリシアのアリストテレスから現代の哲学者にも共通する普遍的な認識だが、こうした共感の感覚を養う訓練に、感想文は大きな役割を果たす。心が動く契機となった場面に焦点化して書く感想文の構造は、まさに感情が喚起された「場に注目させ」、その場と自己の感情の相互作用を道徳的な感情にまで高める一連の過程を、書く過程に体現させているのである。

### 感想文によって養われる能力

日本の大学入試センター試験（一九九〇〜二〇二〇年度）と大学入学共通テスト（二〇二一年度〜）の「国語」で、毎年二割強の割合で出題されるのが「心情を問う」問題である。日本の国語の心情を問う問題の割合は、他の国の国語／文学の試験問題と比較しても突出している（渡邉2023）。この問題では、小説や古文、漢文で、テクストの描写をもとに登場人物の心情として正しいものを選択肢の中から選ぶ。興味深いのは、感想文では自分の気持ちを書くのだが、大学の入試問題では、自己の感情や考えを一切排除して、テクストに描かれた状況のみを根拠に登場人物の気持ちを推測しなければならないことである。自分の感情や価値観を持ち出すと問題作成者の罠にかかると、試験対策の本は警告している。

心情を問う入試問題では、場の状況の正確な読み取りのみを頼りに、見知らぬ状況に置かれた、見知らぬ登場人物との間に素早く「内的な共同体」を構築する能力が測られている。アメリカの教育心理学者ブルームの示した認知レベルでいえば、「理解」や「応用」にあたると考えられるが、そうした認知のカテゴリーには収まりきらない高度な能力が求められているのは確かである。場を構成している登場人物たちの人間関係に始まり、登場人物の言動の描写と、彼らの心情を反映しているとされる自然描写から、的確に登場人物の「気持ち」を推測しなければならないからである。そこには、人の心や社会性に関わる非認知能力が必要とされる。

日本の大学入学のための共通試験は、知識の暗記のテストに留まっていると批判され続けてきたが、「国語」の内容を読み取る問題や心情を問う問題は、暗記が全く役に立たないタイプの問題である。求められているのはテクストに忠実な読みを行い論理的に推論できるかどうかだが、論理学の推論の真偽とは異なる基準を持っているのは明らかである。

こうした問題を解くには、小説を読んだり、映画を見たり、多くの人と関わったりする経験を積み、社会の常識と人間に関する蓄積した知識を、他人の主観を共有する「間主観性」の構築にまで結び付けられる能力が必要とされる。試験勉強に特化した努力や、技術的な学習がほとんど機能しないといわれる日本の国語の特殊性は、共通試験の「国語」で満点を取るのは難しいという批判を生む要因となる一方で、他方では社会領域で必要とされる能力をしっかりと測っていると考えられる。

## 意見文と小論文——共同体の内と外の思考法

感想文と違って、「意見文」と「小論文」はいずれも「論証」の形式だと考えられている。しかし、意見文と小論文は異なる目的と社会的な機能を持っている。中学校で書かれる「意見文」は、社会領域の基本レトリックである感想文の影響を受けて、自己の主張の正しさを論証して他者を説得するよりも、他者の意見への配慮を通して自己の考えを深めるためのものだとされている。意見文の構造を見てみよう。

**意見文の型**

序論　主張
本論　主張を支持する二つの根拠
　　　主張への反論（「だが」、「しかし」）↑他者への配慮
結論　主張への反論の反駁（「それでもやはり」）＋主張の正しさの確認

意見文は、①主張と、②主張を支える根拠（二つ）と予想される主張への反論、③反論の反駁、

の三部で構成される。意見文に反論を含まない模範例を示す国語教科書も存在するが、大勢はこの三部構成である（詳しくは、渡邉（2023）を参照）。

一般に、予想される反論を論破することは、自己の主張の正しさを強める役割を果たす。しかし意見文においては、主張の論証の強化よりも、主張の擁護の一部に反論を組み込むことによって、自己の意見と他者の意見とを内的に会話させて「自己の考えを深める」ことが重要だとされている。ここで自己の考えを深めるとは、自己の主張のみで押し通さず異なる意見へ配慮すること、すなわち他者への配慮を示すことであり、そうした機能が意見文の型に組み込まれているのである。たとえば、国語の教科書や作文の指導書では、「「もし○○だったら」と、自分とは異なる立場の人になったつもりで考えてみる」、「他者の立場から（自己の主張を）見直すこと」、「相手の身になってみたり、物になってみたりする。つまり、第三者の眼をとおして書いてみるのである。それによって、事実・事象・体験を、多面的に見る眼を育てることができる」、それが考えを深めることになると記されている（光村図書 2022『国語 五』：176–177；国語教育研究所編 1996：237）。

他者の立場から考えを深め、多面的にものごとを見るための「意見文」に対して、高校以降で教授される「小論文」では主張の論証が求められている。

小論文とは、主に大学入試や各種資格試験において、課題を考えるための材料として与えられる文章（課題文）や資料に対する自分の意見を書き、事実や文献を利用して意見を客観的に論証するものである。とりわけ小論文では、常識とは異なる課題文の視点を理解して、その視点から書き手が現実を解釈し直す作業が求められている。小論文の執筆には、社会問題を複雑なまま受けとめる知性と切実性が要求される。結論を分かりやすいきれい事にしたり感情的な問題にしたりすると、小論文としては不合格である（大堀 2018）。

**小論文の書き方の基本パターン**

前提：テーマの確認と共有
①常識論・一般的な見方の確認
②（常識論に関する）異和感を〈でも〜〉という文脈で掘り起こす＝別の角度から見る
③現実を多面的に見ることによって異和感の根拠を得る

（出所：大堀 2018：52）

意見文と小論文の大きな違いは、意見文が身近な問題を自己と他者の視点から考える共同体の中の議論の作法であるのに対して、小論文は社会や経済の構造と理論を通して共同体の外側からものを見る点にある。初等・中等教育では、学級という小さな共同体を基準として社会的な常識と価値観を育むのに対して、小論文では常識を超える視点を理解し、それを書き手の視点から見直して根拠づけて論証する。共感をもとに「社会秩序の維持」を目的としたレトリックから、理論や概念、経験的な事実を使って論証し共同体の壁を超えて「社会変革」を目指す思考とその表現法へとスイッチが切り替わる。入試の準備で小論文の訓練を受けた生徒は、これら二つの異なる思考法を選択肢として持ち、使い分けていくことになる。

高等教育は社会変革を起こす新しい考えや発見が提案された時に、それを理解し受け入れる一定の層、少なくともそれに慣習から反発しない市民層を作ることが目的のひとつであるといわれる（高城 1992: 182）。そのために、大学では多様なものの見方や考え方を学ぶ。しかし大学を卒業していよいよ社会に出る時には、初等・中等教育で身につけた感想文の思考法を常時発動可能な「社会的なスキル」として、そして受験と高等教育で身につけた小論文の思考法は、仕事などの限られた場面で目的に応じて適宜使用する「技術的なスキル」として用いることになる。社会領域においては、前者が主で後者が従である。

しかしこれら二つの異質な思考法と価値観を持ち、二つの間でスイッチを切り替えられる一定の層がひとつの社会に存在することが、社会領域以外の領域に対応できる人材の確保となり社会全体として重要な意味を持つ。

## 感想文の歴史的展開

感想文は第二次世界大戦後、新しい社会の作文の書き方として考案された日本独自の様式(ジャンル)である。一九五五年に青少年読書感想文全国コンクールが始まったのを機に、全国に広がり定着した。しかし感想文は、戦前の「綴方」なしにその成立は語れない。

精神修養という価値的な目的のために、子どもの経験的叙述に徹底的にこだわって現実を認識する綴方は、社会領域に独特の思考法と表現形式を形成してきた。その特徴を、『作文・綴り方教育史料(上・下)』(野地編 1976・1986)をもとに綴方の歴史の大きな流れからつかんでいこう。綴方の隠れた機能は、近代以前の子ども観と自然観が、明治以降敗戦を経てもなお、近代の学校で保持されてきたことにある。

綴方の基礎を築いたのは、明治中期から大正時代に国語教師として活躍した芦田恵之助《あしだえのすけ》である。子ども自身が自由に題を選んで日常の実感を綴る自由作文を提案し、明治期の型にはまった作文教育に一石を投じた。芦田によれば、綴方とは、「精神生活を文字によって書きあらわす作業」であり、喜びや悲しみを知人友人に語ることで共に喜び悲しまずにはいられない人間に自然の、強い要求に基づくものであるという（野地編 1976）。児童の実生活から実感を綴らせ、それが「天地自然の大道に融合する」、つまり自然の摂理に適ったものならば児童は満足を感じ、道に外れた場合は悔恨の念が自然に湧いてくる。芦田の理念には、喜怒哀楽を共有したいという人間の自然な欲求に沿って実生活を内観すれば、誰に諭されずとも作為を捨てて自然のままに生きているかどうかが、自らの心の内に現れてくるものだという人間観と自然観がある。

そうであるから、教師による指導や批評は、文が書けるという「結果」に求めるよりも、その過程となる「学習態度」に評価の基準を置く。児童が生活を実写するためには、何も隠さず書ける真率な態度を養う必要がある。そのためには、児童の信頼を得るように、まず教師自身の人格修養が前提になるという。評価においては、都会と田舎の違いや児童の能力の高低は当然あっても、地域や児童の特性に従って生活の内省ができればそれでよいとしている。

芦田は実験的な実践の繰り返しを通して綴方の理念と方法を徐々に体系づけ、公職を辞した後は全国の学校の教壇行脚を行って綴方を広めた。その成果は大正期に著書としてまとめられ、多くの教師に読まれて、現在の日本の作文教育の礎となった。たとえば、現代の作文教育では、

「教師の一行感想」と呼ばれる励ましの言葉を中心にして、作文の添削や点数評価は行わない。世界の作文教育から見れば特殊なこの評価法は、芦田の綴方の教育理念に起因する。

綴方は芦田の理念と実践の特徴を保持しながらも、時代の要請を反映させていく。大正時代には童心主義とリアリズムを追求した児童雑誌『赤い鳥』の綴方が、昭和に入ると地方の生活の厳しい現実を綴り、生活に根ざした知性と仕事に対する意欲を養う「生活綴方」が盛んに行われた。しかし生活の困窮や地方の社会問題を綴る生活綴方は体制への批判につながると危険視され、戦時体制が整えられるなか、一九四〇年の教師の一斉検挙をもって衰退を余儀なくされた。戦時下には皇国の少国民としての自覚を綴らせる「国民学校の綴方」へと変化していく。見たまま、聞いたままを写す綴方は、状況が変わればその状況に応じて認識すべき現実が変わってゆく性質を備えていた。

戦後はアメリカによる占領軍統治のなか、書く技術の向上を目指したアメリカ式の作文が国語に導入され、綴方という教科は廃止された。書く技術か、書くことを通した人格教育かの明治期から続く激しい論争が再燃したが、結局教育現場ではアメリカ式の技術教育は根づかず、戦前の「生活綴方」が作文の名称で復活した。戦後日本の民主主義推進の旗手となった社会科が「民主主義」という概念を通して生活を捉える見方を児童に押し付けないように、あくまで児童が「見たまま、聞いたまま」を素直に写す綴方の基本に沿うようにとの考えから「概念砕き」が戦後作文のスローガンとなった。

平等を理念とする戦後の学校教育においては、私的な生活を描いて生活水準の差を明らかにするよりも、与えられた課題本の主人公に共感し、読書体験によって児童が自己変革を遂げる読書感想文と、級友たちとの共通体験を通して個々の心の成長を描写する行事感想文が主流となり、二一世紀の現代までこの方針は受け継がれている。高度経済成長期以後は、個々の成長がうかがえる「感想」に重心が移り、現実生活の活写はその根拠として述べられる主従の逆転が起こっているが、ものの見方・考え方・感じ方を養う人格形成としての作文教育という綴方の理念と、教育方法、評価方法の基本は変わっていない。

## 感想文の社会的機能――伝統的自然観の保持

綴方は社会運動のひとつの形態として「日本のプラグマティズム」であると高く評価されている（鶴見 1956）。綴方は「生活記録を書く」という行為（プラグマ）があり、この行為の反省の上に書く行為が積み重なってさらに新たな提案を生む。児童生徒の日常の問題と教育の問題の解決を模索する行為先行の実践だった。東洋の老荘思想と禅の思想、西洋のロマンティシズム、マルクス主義などの各時代の思想の影響を受けながらも、思想そのものの出所や区別にはこだわらず、「実感を持った活写」、「概念砕き」など、綴方に関わった者たちがそれぞれの信念に基づいて試行錯誤した「実践コースの中から打ち出された簡潔な格言のつみあげを、その理論的中核」とした(鶴見 1956: 103-104)。そうであるからこそ、地方の教師たちがそれぞれの問題の状況に合わせて、それぞれが多様な方法を試みることで、創造的な折衷と継続的な進化が持続したのだという。

では時代に合わせて変化してきた綴方をひとつの継続的な教育実践として存続させた連続性とは何だったのか。これまで綴方の民主主義的、あるいは社会主義的な側面は多くの研究によって指摘されてきたが、見落とされてきたのは、綴方の教育理念と方法が「「近代化」に伴う「教育」概念登場以前の、前近代的・東洋的な人間形成思想を継承したものであるという視点であった」と芦田の教育思想の研究者は指摘している(山田 2020: 15)。序列や競争を排し、児童ひとりひとりが持つ徳の種をそれぞれの内観によって自然に成長させるという芦田の教育観は、西洋起源の児童中心主義というよりは、近代以前に日本に浸透していた子ども観や自然観をより反映していると考えられる。人間を自然の一部とみなす東洋の自然観は性善説を取り、子どもをより自然に近い完全な者、かわいがるべき者と捉える。その自然観は、日常の生活の中から児童自身がそれぞれに学び得るものを学ぶという伝統的な教育観を支えている。自然と切り離された罪深い人間、あるいは自然と対峙し、科学技術によって自然を利用(搾取)する西洋近代の自然と人間の関係とは一線を画するものである。

アメリカ発の新教育由来の教育方法(プロジェクト・メソッドなど)は、今日の日本の教育に引き継がれ新しい展開を見せている一方で、伝統的な価値観と思考法をそれと意識することなく残すことができた要因のひとつには、教室で行われてきた綴方と感想文の継続的な実践があった。

### 社会領域の思考法と日本の強みを考える

日本の「感想文」は、心情を読み取る物語の読解とセットとなって、他者の五感を自己のもののごとく取り込み感じることで、他者の期待を理解し、その期待に応える行為を志向させる。そのような行為は、対立を避け、場の調整を行う高度な認知(現在では社会性に関わる非認知能力と呼ばれている)を養う機能がある。感想文は状況によって複雑に変化していく人間の心情と、場を構成する人間と自然と社会環境の関係を読み取って反応できる共感力を鍛え、子どもを社会化する。それは、形式的な善悪や社会規範を超える道徳観を育てる。

感想文を通して養われた思考法の強みは、自己と他者の間に共通の主観を構築し、この「間主観性」を内面化することで、外からの強制がなくとも、それと意識することなくあらゆる場面で間主観を思考と行為の指針とすることができることである。状況(場)の変化に柔軟に対応しながら、間主観的に状況を捉え譲り合う「利他」の精神が道徳の中核をなし、それによって強権的なルールやイデオロギーに頼らず社会秩序が形成・保持される。共感と善意による秩序の保持は社会領域の特質である。

社会秩序の維持に多くの国が莫大な資金を注ぎ込み、対処的なプログラムが試行されながらもいずれも機能しない現状を考える時、感想文は社会秩序の形成・維持という点から再評価されるべきであろう。秩序が保たれ安心して暮らせる社会があってこそ、政治的な安定と経済活動が成り立ち、安全で文化的な生活が営める。

しかしその強みは諸刃の剣となって、戦略的に振る舞ったり駆け引きしたりすることに心理的抵抗を感じ、好機を生かすことができにくい、すなわち決断力の欠如という形で重要な局面で弱みになると批判されてきた。状況を見ながら決断をぎりぎりまで留保すると、選択肢が時間とともに狭まり、もはやこの行動しか取れないという「場の状況」が行為を選択させるからである(渡辺 2004)。こうした方法は、主体性を欠く劣った判断とされたが、複雑に原因が絡み合い予測不可能性が高まった二一世紀の世界においては、この慎重な態度こそが想定外のリスクを軽減し、大きな間違いを起こさず柔軟に対処できる賢明な判断の方法になりつつある。

経済領域(アメリカ)の、目的と手段を直線的な論理で結ぶ思考法は、世界を単純化して見させる。エッセイが体現するように、主張を支持する三つの事例があれば、即行動に移す。それどころか、初めに目的ありきで、三つの事例すらきちんと検討されずに決断が下され、大きく間違った過去の経験も多く報告されている(Neustadt and May 1986)。グローバル化によって世界がますます相互依存的に動く中で、間違った判断の影響は広く深いものになる。

ここで「はじめに」で紹介した、日米の作文実験の「理由づけ」の違いに着目してこの章を閉じることにしよう。

四コマ漫画の主人公が最後のコマでがっかりしている理由を説明するのに、日本の子どもは「なぜかというと」という接続語に続けて、六割以上が四コマの説明を時系列で繰り返した。それに対してアメリカの子どもは、時系列型とほぼ同じ割合で(三割ずつ)、結果に最も近く強いインパクトを及ぼした要因(四コマめ)のみを述べて他のコマの説明を切り捨てた。以下はその実例である(渡辺 2004)。

【日本】（けんた君はしょんぼりしています。）なぜかというと、テレビゲームをおそくまでやって、朝ねぼうをしてしまい　乗るバスもまちがえてしまって　試合におくれて出られなかったからです。

【アメリカ】（ジョンはしょんぼりしています。）なぜかというと、試合で投げられなかったからです。

アメリカでは、結果を引き起こした最も強い原因に注目する「優越因果説」を取るのに対して、日本は「縁起説」で因果を考える。縁起説においては、「すべてのものはそれぞれ他に依存し、他との関係においてのみ、仮に自と現れているだけ」(井筒 2009: 299) なので、この考えに立つと、そもそもひとつの原因を特定すること自体に意味がなくなってしまう。人間ができることは、因果を作用し合うあらゆるものの関係性を意識しながら、出来事が起こった順番にたどることのみである。しかしアメリカの学校の文脈では、日本の子どもの理由づけは、説明と同じで二つの区別ができていない、つまり「因果関係」が理解できていない不合格な理由づけとなる。しかし見方を変えれば、日本の理由づけは、古いものを捨ててしまわず折衷的に付け加えていくことで、古いものとの持続性を保ちながら、それらの関係性の中から新たな創造を生み出していける可能性があり、日本のイノベーションのひとつの型を示している。効率性を犠牲にするからこそ見えてくる世界と、発見の形がある。

次章では、ここまで見てきた四カ国に代表される四つの領域のそれぞれの視点に立つと、他がどのように非論理的に見えるのかをシステマティックに比較し、その理由を考えていこう。

# 第三章　なぜ他者の思考を非論理的だと感じるのか

前章では四つの領域を代表する四カ国で教えられている作文の型とその論理を見た。それぞれの領域は異なる目的を持ち、その目的に照らして作文の型が決まると、結論を導く手続き、すなわち論理が変わり、期待される結論も変わる。これら四領域の特徴を表3－1に整理した。では、他領域の思考法はなぜ、どのように非論理的に感じるのか、そして時には不道徳にすら感じるのかを、比較表をもとに明らかにしていこう。

## 1 「自己の主張」の直線的な論証（経済）とは相容れない論理

### 経済領域から見た政治の論理

効率を重視したエッセイから見ると、政治領域のディセルタシオンの弁証法は、結論までの手続きが多く時間がかかりすぎる。五パラグラフ・エッセイは反論を含まない。反定立を組み込み、しかも定立と同じボリュームで論じる弁証法は、自己の主張を直線的に論証するエッセイの思考法からすると、不要な要素を混入させることで議論を無用に複雑にしている。そもそ

表 3-1　四領域の価値観、論理、思考法

| 領域（国） | 経済領域（アメリカ） | 政治領域（フランス） | 法技術領域（イラン） | 社会領域（日本） |
| --- | --- | --- | --- | --- |
| 中心的価値（目的） | 効率性と目的の達成 | 公共の利益 | 真理の保持と規範の遵守 | 共感と哀れみ |
| 作文の型（手段） | 5パラグラフ・エッセイ | ディセルタシオン | エンシャーと三段論法 | 感想文・意見文 |
| 作文の目的 | 論証・説得 | 矛盾の解決 | 真理と規範の伝達 | 道徳的感情の涵養 |
| 主導的観点 | 効率的か否か | 審議が尽くされたか否か | 真か偽か | 共感できるか否か |
| 推論の型 | 逆因果律 | 弁証法 | 演繹 | 共感による推理 |
| 時間構造 | 逆向きの因果<br>目的論的時間 | 弁証法的展開<br>不確実な未来 | 循環する時間<br>始点と終点が決められた時間<br>目的論的時間 | 変化する状況<br>不確実な未来 |
| 因果律 | 優越因果説：最も直接的かつ強い原因の選択 | 偶発的因果：偶然を含む複雑な因果 | 法則的因果：不変の原因と結果 | 縁起説：全ての相互依存性 |
| 合理性と合理的行為 | 形式合理性における経済的判断 | 実質合理性における客観的価値 | 形式合理性における技術的判断 | 実質合理性における主観的価値 |
| 価値ある能力 | 分析・評価 | 総合（構想） | 知識・理解 | 共感 |
| 教育法 | 因果関係による理解 | 共通教養の習得 | 規範となるテクストの暗記 | 問題解決学習<br>構成主義教育 |

も論証とは、自己の主張の正しさを証明するためにあるのだから、それに反する主張の論証に同じ時間と労力をかけることは全くの無駄である。

エッセイでも反論を組み込むことはあるが、あくまでも主張の正しさを際立たせて論証を補強することが目的であるため、反論とそれへの反駁は効果的に軽く触れるのみである。「時は金なり(Time is money)」はアメリカ建国の父と呼ばれるベンジャミン・フランクリンが若者へのメッセージとして残した有名なことわざである。時間の無駄遣いは、単にその時間の損失のみならず、利益を得る機会の損失でもある。時間は最も貴重な資源であり、その無駄遣いは厳に慎むことがアメリカでは小学校から教えられている。そのような貴重な資源の使用を、書き手のみならず読み手にも強いるディセルタシオンは経済論理からすると不道徳ですらある。

論理的という観点からしても、〈正〉と〈反〉を別の視点から眺め直して総合する〈正－反－合〉の議論の流れの必然性を追うのは不可能に近い。どんな結論へ飛んでいくのか予想もできない弁証法は、たどるべき論理の道筋が切れており、論理的であるとは到底思えない。さらに馴染みの薄いヨーロッパの哲学やフランス文学の引用で満たされた論証は、果たして根拠として成り立ち、適切に論証されているのかの検証すらできない。何よりこの書き方だと、書き手が勝手に三つの問いを立てることにより、出された問いに直接答えていないことになる。出された問いには、ストレートに答えること、その答えの正しさを証拠づけて力強く論証し読み手を説得することはエッセイの目的であり、ディセルタシオンはこの意味において、全く目的を見失っているのである。

### 経済領域からみた法技術の論理

法技術領域のエンシャーは、ことわざや詩の一節で最後を締めくくる。経済領域からすると、その結論のあり方は、「教訓のお話」のように映る。異化や比喩、押韻や対句など文学的な修辞法を使った作文法は、言文一致や簡潔かつ明晰を目指す近代の論証のレトリックからすると、前近代的な美辞麗句の響きを持つ。ことわざで結ぶ書き方は、近代以前の語りの典型である。

経済領域の書く教育においては、異なるジャンルの書き方は、異なる目的を達成するためにあると考えられており、既製の型を使って書くことにより、多様な目的を少ない労力で達成し円滑なコミュニケーションが取れると考えられている。そのため実用で用いられる様々な型(レポートや書評、手紙など)を教えているが、エンシャーはこれらのいずれの型にも当てはまらない。

エッセイもエンシャーも作文構造としては、いずれも決まった結論へ向かう「目的論的な作文」である。しかし法技術領域と経済領域のレトリックを分けるのは、法技術の結論は、絶対的な権威を持つ知識、たとえば第一原理を示す書物や聖典、ことわざなどによって個人の外から与えられるものであるのに対して、経済領域のエッセイでは、個人が目的（主張）を決め、経験的なデータを選択して効果的に論証することである。主張の価値は、主張の「正しさ」のみならず、見方・考え方の新しさや問題解決法の革新性によって高まり、こうした新しい考えに人々を納得させ、人を動かすことがエッセイの目的である。

### 経済領域から見た社会の論理

経済領域のエッセイから見ると、体験から感想を引き出す社会原理の感想文は、「意見／主張」と「事実」を明確に分けていないように見える。意見と事実を分けることは、論証を行う時にまず習う初歩的な技術である。エッセイにおいては、それは目的（主張）と手段（主張を支持する材料）を区別していないことになる。

感想文は論証を目的としないという前提を共有しても、主観的な感情を述べる感想文の目的が分かりづらい。アメリカでも個人の体験を感情とともに綴る「パーソナル・ライティング」という書き方の様式はあるが（日記はこの様式に含まれる）、あくまで個人的／主観的なもので、アカデミックな議論に進む前の準備段階として位置づけられている。パーソナル・ライティングが高校で書かれる場合には、大学の出願申請の「志望動機のエッセイ」で、個人の内面を個性として発揮して他の志願者との差別化がはかれるようになるための訓練として書かれる。その場合も、個人的な目標や目的の根拠づけとして、体験と感情が綴られる。経済論理においては、どこまでも個人の目的達成のための手段としてパーソナル・ライティングも位置づけられる。

また学力を測るエッセイとは対峙した書く様式として、「個性」や「創造力」を発揮する「クリエイティブ・ライティング」もアメリカでは書かれるが、個性や創造力は既存のジャンルの多様な組み合わせによって発揮したり、常識的ではない考えを既存の書き方の型に入れたりすることによって読み手に伝わるように書く工夫と技術が求められる。学校でもそのための技術的な訓練を行っている。こうした背景から、常識をなぞるような感想や感じたままを綴っただけの生の感情の提示には面白みを感じることができない。生の感情は、その感情を的確に表現できる書く様式を選択し「型」にあてはめ、言語技術の「技」を通して伝えることがアメリカでは期待されているからである（渡辺 2004）。

これらの複数のジャンルの書く目的に照らし合わせた時、日本の「感想文」というジャンルは、アメリカの書く教育の体系に位置づけにくく、その目的とロジックは理解し難いものとなる。小学校で書くパーソナル・ライティングの域をでないものと評価される可能性が大きいのである。

## 2　弁証法の「手続き」(政治)とは相容れない論理

### 政治領域から見た経済の論理

政治領域から見ると、経済領域のエッセイのひとつの見方で押し通し、議論の余地を残さない「経験的な事実」による論証は、全く不十分であり、決定において間違いを起こしやすい短慮の議論の手続きに映る。実際にアメリカの政治決定においては、結論を先に決めてしまって、結論に都合のよい材料を後づけで集めた政策を押し通して、失敗した例が数多く報告されている(Neustadt and May 1986)。

政治領域における「責務の倫理」に照らすと、即決は最も避けるべきことなのである。なぜなら政治的な決定の影響を受ける人々の範囲は広く、人の生死に関わる致命的な影響を及ぼすことすらあるからである。そこで、自己の所属する共同体や利益団体のみならず、社会を構成する多様な階層、利益団体にも眼を配り、「全体にとって最善なことは何か」を考える必要がある。そのためには「何が問題か」を提起し、設定した問題の概念の定義を行い、その定義についての同意をまず得ることが重要になる。それが現状認識を作るからである。ディセルタシオンにおいても、導入で論ずべき概念の定義を行った上で、問題提起を行う手続きが論文構造に組み込まれており、まず読み手との間に論ずべきことがらの共通理解を作る手続きが重視されている。

ディセルタシオンは「説得」ではなく「合意形成」を最終目的とする。そのためフランスの学校では、まず学習することがらの「定義」から始め、あらゆる機会に辞書を引いて言葉の意味する範囲とその場で使う意味の確認を行う。この作法は小学校からあらゆる機会を捉えて習慣的に行われる。「それは何か」と問うのは哲学の基本的な方法であり、政治の議論は言葉によって何が社会にとって「良い」ことなのかを明らかにしなければならない哲学的な側面を持つからである。経済や科学技術における数値による判断とは異なる判断の方法が求められる。

〈正－反－合〉の流れを読み手に納得して受け入れてもらうためには、「より大きな視点、より積極的な視点」の根底にある価値観の共有が必要になる。エッセイもディセルタシオンも「論証すること」が重要であるが、それを「個人の主張の正しさの証明」を目的とするのか、

「あらゆる可能性の吟味」を目的とするのかで必要な手続きは変わってくる。「あらゆる可能性の吟味」は、同じ問いの答えが条件を変えるとどのように違ってくるかで表されることが多い。この条件ならば答えは必然的にこうなるが、別の条件ならば別の答えが必然的に導かれる。そして〈合〉で求められるのは、これらの条件の違いを超える、また別の条件下におけるより包括的な答えである。それが二つの答えの矛盾の解決となる。

政治は統治をめぐる権力闘争という性質を持つ。選挙に勝つか負けるかのゼロサムゲームの中で権力を得るためには、あらゆる手段を使って人々を説得する必要がある。ここで効率性は問題にならず、勝つためには持てる限りの資源と時間をつぎ込まなければならない。この政治領域の視点が教育という場に適用され、政治的主体を育てることに眼目が置かれると、弁証法がその有効な手段となる。弁証法の構造は、書き手の議論と思考を否応なく押し広げていく。さらに全体にとっての最善を考えるには、「今・ここ」の体験や知識に囚われず、古今の哲学的な思想(そこには政治、倫理、道徳が含まれる)と、人間と社会を知るための文学と歴史の知識のストックが役に立つ。何を課題としてどのような議論がなされてきたのか、その解決法にはどのようなものがあったか、失敗例と成功例を知り、それを拠点に自分で判断し行動するための知識である。

この時、自律的に考えることと「一人で考える」ことは別である。熟慮するためには「一人で考えてはいけない」、つまり先人の知恵無しで自律的に考えることは政治原理においては危険なことである。そして他人を説得するためには他人を納得させる手続きがなくてはならず、その「共通の手続き」がディセルタシオンにおける弁証法なのである(Tavoillot 1999)。

バカロレア試験の採点にかかる膨大な時間と労力のコストが問題視されながらも、論述の試験形態が保持されるのは、「フランス市民(国民)の育成」という国家と教育のプロジェクトの根幹を成す価値観は、経済的な効率とコストを犠牲にしても、何ものにも代えがたいからである。政治領域においては、手続きを遵守して審議に時間をかけること、あらゆる方面から可能性を吟味して「断定」を避け、慎重に答えを導くことに価値が見出されている。合意された「手続き」に従うことは、民主主義の根幹である。

### 政治領域から見た法技術の論理

政治領域から見ると、結論が決まっている法技術領域のレトリックは、自由の権利の侵害とみなされる。政治的なことがらを真理として教えることは慎むべきものである。たとえば憲法を真理として教育することは一種の政治的宗教となり、それは「憲法を大切にするという口実の下に、最も神聖な権利の中の自由を侵害している」ことになるからである（石堂 2013：148）。改憲ごとに共和制の前につく数字が加えられ、継続する変革が制度に織り込み済になっているように、政治の要となる憲法ですらも、いや要となる憲法だからこそ、状況に応じて弁証法的に「変えていく」ことがフランスでは重要である。ディセルタシオンにおいては「正しい答え」を出すことが重要なのではなく、正しい「問い方」のほうが重要である。異なる意見のどちらが真実なのかを決めるのではなく、最初の問いがどこまで深まったかが評価の基準となる。〈正−反−合〉の論証という論理によって規定された思考法と議論においては、複数の価値の両立可能性を重視する問いが価値を持つ。人間が生きる上で直面する現実世界の矛盾と複雑性を受け入れること、そして出された結論は現在の状況でのとりあえずの結論であることを認めることは、弁証法というレトリックの型が求める価値観と道徳観である。

それに対して、法技術領域を体現するイランにおいて、神の言葉を伝える聖典の文言を変更することは不可能である。フランス革命が目指したのは、まさに宗教の統治からの人間の解放だった。それと引き換えにフランスは自らの統治の方法を創り出さねばならず、その方法で有効とされたのが哲学であり弁証法だった。

## 政治領域から見た社会の論理

政治領域と社会領域はともに「利他」を価値とするにもかかわらず、この二つの思考法を分けるものは何なのか。それは価値ある知識の形態に起因する。政治領域は、抽象的な政治的主体を想定し、古典の引用をもとに抽象的なレベルで権利や義務、社会契約などの政治思想を通して社会の公益を考える。他方、社会領域は、個人の気持ちから出発して、他者の気持ちへの共感を通して、すなわちどこまでも具体的な個人とその状況を基盤に利他のあり方を道徳感情的に育む。しかし、感想文は感情的に「常識をなぞる」ものであるため、「常識を乗り越える」ものの見方の発見を目指す弁証法からすると、社会領域の思考表現法は凡庸かつ学問的厳密性に欠ける子どもっぽい議論に映る。

そもそも子どもに体験と感想を綴らせることにどのような意味があるのか。この書く様式では何が目指されているのかが不明である。さらに反論を組み込んだ日本の「意見文」も、反論への徹底した反駁が論証によって行われないため、不完全な論証、そして中途半端な議論に映る。社会領域において子どもであることは、無垢と善の象徴であり、この部分こそを保持し育てることが教育の重要な使命のひとつであるのに対して、政治領域における子どもは、政治的義務と権利を実行するに至らない政治的主体としては不完全な存在である。実際に、フランスで子どもでいて良いことはあまりない。政治的主体として義務を果たしている大人とは区別された待遇を受ける。自律した判断ができる政治主体を育成することこそが教育の使命なのであり、そのための厳しい訓練を授けるのが学校という場なのである。

これら二つの子ども観と教育の目的および価値ある知識の形態は、政治領域と社会領域の作文をそれらに適合する異なる論理へと導いている。

## 3 「ひとつに決まる結論」(法技術)とは相容れない論理

### 法技術領域から見た経済と政治の論理

法技術領域から見ると、「私は……と考える。なぜならば……」というエッセイの論理は、個人主義的で社会全体の秩序にとって危険である。何よりこの論理は、真理を保証しない。前提となる目的が個人によって立てられるからである。そしてこの目的自体の道徳的価値もなんらかの基準に照らして問われることがない。

さらに法技術領域から見ると、政治領域の弁証法も真理を保証せず、非論理的でもある。なぜなら弁証法においては真実であるべき前提(三段論法における大前提)は、論じる目的に応じて

「書き手」が定義するからである。さらに、いくら弁証法における論証が古今の著名な作品の厳密な引用によって視点ごとになされても、〈正－反〉から〈合〉への跳躍の根拠は書き手の意味づけによって「創られる」からである。宗教哲学や数学の証明によく用いられる三段論法は、大前提の主語と述語で示された関係が、変形を繰り返しながらも同じ関係が最後の結論まで保持される「真理を保持する」ための推論の形式である。それに対して弁証法は「変化のダイナミズム」に開いている。三段論法と弁証法では、論証の目的のベクトルが逆を向いているのである。

法技術領域においては、論じる際の大前提は人間が勝手に変えてはならないものである。自然の法則が変えられないように、聖典も変えられない。それはもちろん、聖典が神の言葉だと考えられているからだ。問いの答えが偶発性に開かれている弁証法は、法技術領域の真理（第一原理）を示す成文法・聖典によって「ひとつに決まる結論」とは相容れない。絶対的な真理のもとでは、弁証法は意味をなさないレトリックなのである。

### 法技術領域から見た社会の論理

社会領域の感想文と法技術領域のエンシャーはいずれも論証を目的としない作文である。しかし、経験的知識から導かれる個人の感情と、体系的な知識から導かれる普遍化された知恵のいずれを重視するかにより、二つの論理は違いを見せる。社会領域の感想文においては、個人の体験をいきいきと書くこと、つまりその写実性が重要である。一方、エンシャーは文学的な表現を使って自然や人間の営みを格調高く描写する。同じように体験を記しても、エンシャーは個人の体験の背後に、神によって秩序立てられた世界を想定するために、美しく表現することが重要になるのに対して、感想文では自己の成長の糧となる体験のリアルさ——それは時に争いや葛藤、感情の爆発があったりする——が重視されるからである。

　二つの作文の最も大きな違いは、結論にも現れる。エンシャーの結論となる結びのことわざや詩の一節が、感想文においては個人の感想で結ばれる。個人の感情を普遍的なものに高め浄化するためには（それが法技術領域における作文の目的である）、共有された遺産としての結びの定型が何より効果的である。書き手の意図を明確に伝え、多様な他者と共有できるのも、作文の価値や品格を高めるのも、ことわざや詩を通して集団的な過去に参加することによって可能になるのである。一方感想文においては、書き手は「見たまま、聞いたまま」を綴り、読み手は書き手の「今・ここ」に共感をもって参加することが求められている。

　法技術領域から見る日本の感想文の限界は、まさに「今・ここ」の刹那に縛られ、自らの限られた体験と感情のみに、生きる指針を求めなければならない点にある。エンシャーにおいては、あらゆる体験と自然の営みの背後に神の目的という揺るぎない秩序を見、ことわざの背後に社会の普遍の真理をありありと見ることができるのである。神によって「始点と終点が決められた宗教上の時間」と、ペルシアの王朝興亡史に見る「循環する時間」における不変の法則——いかなる大帝国も必ず王と官僚の腐敗によって滅びる——からすれば、ひとりひとり違っているように見える人間の体験や個性などというものは、表面的なものに過ぎない。歴史は個人や国民という主体によって動かされるものではなく、人間の外にあるより大きな力によって動かされ、偶発性は否定される。時間とともに移りゆく「変化」よりも、「法則性」や「普遍性」に注目し、ものごとの根拠は過去に求められる。それこそが法技術領域の作文におけるリアル——現実であり真実——なのである。

## 4　他者への共感(社会)とは相容れない論理

### 社会領域から見た経済の論理

社会領域から見ると、自己の主張のみを一方的に述べるエッセイは、多様な意見や価値観を持つ他者への配慮に欠ける。さらに個人の体験を成長の軌跡の物語として描く感想文に慣れた社会領域の書き手にとっては、冒頭で自己の主張を述べるエッセイの構造には心理的な強い抵抗が起こる。個人の感想（主張）は、体験から自然に引き出されるものであり、感想文は、その目的からして出来事を時系列で述べる構造がそのまま作文の枠組みとなるからである。感想は個人がそれぞれ感じるものであり、読み手は書き手の経験を追体験することで共感をもって書き手の感情を受け入れることが重要であって、その正誤には目が向かない。

またエッセイにおいては、「経験的知識」は論証のためのあくまで「材料」であり、論証という目的を達成するための「道具」としての「情報」でしかない。それに対して、感想文における個人的な経験は、個人の成長を促すものであり、その成長の証《あかし》として経験自体が価値を持つ。同じように経験的知識を用いながらも、その価値づけが経済領域と社会領域では異なるのである。四つの領域を分類するための指標となった、手段に関わる形式合理性と目的そのものの価値を吟味する実質合理性の違いがここに現れている。あくまで主張を論証するための道具なのか、個人の人格的成長というかけがえのない価値を達成するための価値ある行為なのかという扱いの違いである。

さらに人格の形成という目的は、他者との関わりやその場その場で行われる判断によって向かう方向が常に変化するのが前提である。主張を先に述べてしまうエッセイの論理は、そうした偶発性に無理やり蓋をしてしまう。感想文自体が、級友との話し合いで結論が変わることをすすめているように、感想文を支える〈起‐承‐転‐結〉の枠組みも、予想外の「転」の出現によって思わぬ方向に進む。社会領域の論理は、想定外を柔軟に受け入れ、力に変えることを積極的に認めているのである。

### 社会領域から見た政治の論理

政治領域のディセルタシオンが「不明瞭、意味不明、冗長」と他の領域が感じるのに対して、社会領域には〈転〉で異なる視点に飛ぶ、〈起‐承‐転‐結〉の型があるため、ディセルタシオンの〈正‐反〉から〈合〉へと飛躍する展開には理解と興味を示す。感想文で体験を描写する時には、〈起‐承‐転‐結〉の展開が自然に織り込まれている場合が多いため、エッセイ一辺倒ではなく、日本ではフランスの弁証法を、論理的な議論を行う新たな形として推奨する向きもある。

しかし、〈合〉と〈転〉の違いは、〈合〉が〈正〉と〈反〉を総合して結論に影響を与えるのに対して、〈起‐承‐転‐結〉の〈転〉は、基本的には結論には直接影響を与えないことである。

〈転〉の役割は、別の視点から主題を捉え直して主題の多面性を開示したり、主題の展開に変化と面白さを与えたりすることである。弁証法が哲学の対話法から発展した背景を持つのに対して、〈起‐承‐転‐結〉は中国の漢詩の四部構成をルーツに持つことからも分かるように、この二つのレトリックは機能が異なるのである。そのため〈起‐承‐転‐結〉は、文学的な文章の構成法としては役に立つが、人々を説得するための言論にはあまり役に立たないと指摘されている。なぜなら「起承転結には論証性が欠けている」が、人を説得するための「弁論には論証性が不可欠」だからである(浅野 2018: 71)。ディセルタシオンで重要なのは、問題提起とそれに答える三つの視点の論証であるが、感想文はもちろん、意見文も論証を目的とはしていない。社会領域の「意見文」は、相容れない視点を並べることで自己内対話を行うが、最終的に書き手の主張に戻っていく。

弁証法の三つの視点を「主張・論拠・例証」から成る論証のブロックによって堅牢に論証する方法には感心するものの、西洋哲学の伝統に結びついたレトリックの知識の共有なしに、政治領域の弁証法が成し遂げようとしていることの理解は困難である。弁証法を〈正〉と〈反〉の両方の視点に配慮した二つの折衷案を示すものと誤解しやすいのも、社会領域の常識に照らした理解であるといえよう。

## 社会領域から見た法技術の論理

さらに社会領域の感想文からすると、ことわざや詩の一節で結ぶことを奨励する法技術領域のエンシャーは、児童生徒を型に押し込め、子どもらしい感情や学びのあり方を阻害するものと映る。感想文のもとになった綴方はまさに、型にはめる教育からの子どもの解放が目的だった。作文の最後で述べられる感想では、体験から学んだ子どもひとりひとりのそれぞれに違った気づきや問題提起が行われることに価値が置かれるため、結論が先に決められていては、感想文を書く目的が失われてしまうのである。

さらに、戦後「概念砕き」が作文のスローガンとされたように、子ども独自のものの見方・考え方を尊重する感想文においては、宗教をはじめとしてあらゆるイデオロギーは排除されなければならないと考えられている。人間を自然の一部として見る社会領域の自然観においては、子どもは最も自然に近い完全な存在であると受けとめられているため、社会が押し付ける概念や理念に縛りつけてはならないのである。それは自然に最も近いと考えられる子どもが本来持つ道徳心や問題を解決する力を削ぐことになる。子どもが「見たまま、聞いたまま」を綴る作文は、教師による添削もされず評点もつけられず、教師による励ましの一行感想が書かれるのみという、世界の作文教育から見れば非常に特殊な評価法も、喜怒哀楽を共有したいという人間の自然な欲求に沿って実生活を内観すれば、誰に諭されずとも作為を捨てて自然のままに生きているかどうかが、自らの心の内に現れてくるものだという社会領域の自然観と人間観が反映されている。この意味において、法技術領域の作文の結論には、同意し難いのである。

以上のように、各領域で論じる目的と手段が異なると、領域固有の書き方の型、すなわち必要な要素と要素の並べ方の順番が異なり、そこから異なる論理の型が議論のつながりとして創り出される。エッセイとディセルタシオンのような論証を目的とする作文においては、主張と根拠の結びつきが緊密かつ説得的であることが論理的であることの要件になり、評価の基準にもなるのに対して、エンシャーや感想文では、作文の内容と結論が社会規範に照らして納得しやすいかどうかが評価の基準となる。そして同じ論証においても、目的が異なればその展開方法も、適切な根拠も、論理的であることの基準も違ってくる。互いが相手の型を論理的である、または納得できると認められない理由は、それぞれの社会が異なる領域を主流文化としているからである。そして学校作文は主流文化を伝え保持するための重要な媒体である。

# 終章　多元的思考——価値を選び取り豊かに生きる思考法

## 論理的思考とは何か

論理的思考とは何か。本書はこの問いに、「論理的思考は目的に応じて形を変えて存在する」と答えた。つまり、領域ごとに異なる目的を達成するために最も適した思考法が存在するということである。世界共通で不変の論理と論理的思考があると暗黙のうちに受けとめられているのは、論理学が必然的に正しい結論を導く論理形式の規則を見つけたことと、より日常的には論理的な書き方としてアメリカ式のエッセイが分野を問わず多くの書籍で紹介されていることに起因する。しかし本書では、論理的に思考する方法が「ひとつではない」ことを、序章では西洋の論理文化を形成した四つの専門領域（論理学、レトリック、科学、哲学）のそれぞれの目的に対応した思考のパターンを、第一章からは社会を構成する四つの領域（経済、政治、法技術、社会）のそれぞれに特徴的な、価値に紐づけられた論理と思考法から明らかにした。

序章では、論理的に考える時の基本的な思考のパターンとして四つの推論の型（演繹、蓋然的、アブダクション、弁証法）を紹介し、それぞれの推論ができること／できないこと、得意／不得意を明らかにして、それらの思考法が最も力を発揮できる「目的」を比較しながら示した（表序-1参照)。

第一章から第三章では、社会を構成する四つの領域に特徴的なレトリック(作文)を分析することで、領域固有の論理と思考法を抽出した。作文構造が異なると、結論を導き出す道筋(それが「論理」となる)と結論そのもののあり方が変わってくることを、アメリカ、フランス、イラン、日本の学校で教えられ、最もよく使われる作文の型から明らかにした。さらにこれらの作文が生まれた歴史的な背景をたどることで、作文の型は歴史的な状況と社会の要請によって変化すること、つまり論理的であること、論理的に思考することは社会的な合意によって作られることを示した。作文構造に現れる「何が、どのような順番で並べられて結論を導くか」について書き手と読み手の双方の間に合意が成り立っていることが「論理的である」感覚を呼び起こす。そしてその書き方が学校で教えられ、実際に使われることでそれぞれの領域で論理的であることが制度化され、思考の方法がパターン化される。そのパターンをもとに私たちは考えや感情を伝達する。論理的に考えるということは、育った環境や信条も好みも異なる個人が、パターン化された思考をもとに「非個人的に」、「安定して」、「伝達可能な形で」考えることなのである。

この時領域の選択には、それぞれの社会が何を重要なこととして優先するかが示されている。

この優先することがらの選択に社会の価値観が現れる。論理的であること、論理的に思考することを探っていくと、その選択において価値観という文化が現れる。経済領域では利益の追求が、政治領域では公共の利益の追求、法技術領域では真理の保持、社会領域では共感を通じた道徳心の涵養《かんよう》が優先され、それらの目的に合った、論理と思考法が選ばれ実際に使われる。それぞれの領域の目的と手段のセットは独立していて他の領域と混ぜて使うことができないため、論理と思考法も目的に沿って独立しており排他的である。異なる領域の議論(作文)を非論理的に感じたり、実際にコミュニケーションのトラブルが生まれたりするのはそのためである。本書では日本、アメリカ、フランス、イランを取り上げたが、言語の違いよりも思考の型の違いによるコミュニケーション不全のほうがより深刻である。第三章はその点を可視化することを試みた。

## 推論の基本パターンから思考法を選択する

では論理も論理的に思考する方法もひとつではないということから、何が学べるのだろうか。それは、私たちは状況に応じて論理的な思考の方法を「選ぶことができる」ということである。たとえば、複雑な状況で判断を下すには、論理学の手続きが有効である。入り組んだ状況を段階に分けてひとつひとつ系統立ててたどっていくことで、必然的に引き出される結果にたどり着く。そして結果には間違いがない。

日常生活で論理的に考え人を説得するには、常には正しくはないが、たいていの場合正しいレトリックの推論（蓋然的推論）が役に立つ。レトリックは根拠を定式化して蓄積した「トポス」と呼ばれる常識の貯蔵庫を持っており、人を説得する時にはその貯蔵庫から自由に取り出して使うことができる。

さらにレトリックは人を説得するのにも三つの方法があることを教えてくれる。データや経験的な事実を使って理性的に説得するのがよいのか（ロゴス）、それとも道徳心や共感など感情に訴えて説得するのがよいのか（パトス）、または謙虚さや思慮深さを示して自分が信頼に足る人間であることをアピールして倫理的に説得するのがよいのか（エトス）、状況に応じた説得のレパートリーを提示するのもレトリックである。

そして、いかなる情報をどのような順番と長さで構成すれば、それぞれの説得のタイプの理にかないつつ、効果的に伝えられるのかを教えるのもレトリックである。

科学の仮説検証の方法であるアブダクション（遡及的推論）は、常識では理解し難い原因の究明に役に立つ。常識では理解困難な状況や現状の課題を分析するには、結果から逆向きに原因をたどる「なぜ」という問いに答える手順が必要不可欠だからだ。アブダクションが科学的な法則の発見のみならず、ビジネス／経済の領域と相性がよいのは、この逆向きの原因究明の推論の方法が、目的から逆算して、目的に直結する行動を決定できること、そして新たなパターンやルールを読み取ることでこれまでとは異なる未来の予想が立てられることが挙げられる。こうした目的論的な思考は、合理的かつ確実な目的達成に役に立つ。ちなみに四つの領域で唯一この逆向き構造を持っているのは、経済領域のレトリックであるアメリカ式エッセイだけである。

哲学の対話法と弁証法は、私たちが正しいと考えている「前提」そのものを問い直し、吟味にかける方法であり思考法である。「……とは何か」という問いに「……は……である」と応答する典型的な方法は、私たちが日常では問わない常識に挑戦し、新しい定義を導き出すきっかけを作る。哲学が政治や道徳の領域と親和性が高いのは、「何が良いことなのか」という善の本質を問い、個人がよりよく生きるとはどのようなことか、より良い社会とはどのようなものかを考えさせるからである。

これらの専門領域固有の論理の違いをまず知ること、そして思考の「技術」として使いこなせるようになることは、多様な場面で何が効果的あるいは合理的な思考法なのかを特定し、実践することを可能にする。

## 本質論理の価値観から思考法を選択する

推論に関わる形式論理のみならず、価値に紐づけられた本質論理の存在を知る最大の利点は、なんらかの決定を行わなければならない時、どの領域の論理を使って思考し判断するのか、自覚的に「価値を選択できる」ことである。

たとえば、なんらかの問題の解決を考える時、解決にかかる費用や時間を優先させるのか、コストが高くついても問題に関わる人々の利益を最大限に考えるのか、規範やイデオロギーの遵守を優先させるのか、それとも共同体のつながりや存続を重視するのか。それぞれの領域には、問題を解決するための論理的な手続きと思考法があるため、どの領域を優先させて考えるのかを決定した後は、それに見合った思考法を技術として使うことができる。

さらに四つの領域の本質論理を知ることは、決定のための議論を行っている最中でも、その意見はどの立ち位置から述べられているのか、どの論理に基づいて思考されているのかの確認が可能になる。議論を始める前に、何を優先させるのかの合意をまず形成することは、目的を明確にし、方法を精査するのに役立つ。議論の手続きそのものについて、事前に考えておくことも重要だろう。なぜなら、結論を導くための「有益な情報の種類」、「情報を集める範囲」、「踏むべき段階」は領域によって異なるからである。

私たちが何かを判断する時には、その場の状況を見て異なる領域の論理を比較考量しながら決めることが多い。しかし最後には何を、つまりどの価値観を優先させるのかが意思決定の決め手になる。その時に四つの論理と思考法があることをまず知ることが重要だ。論理的に思考する方法が複数あることを知ってはじめて私たちはそれらを「選択肢」として持つことができるからだ。そして私たちが実際に選択できるのは、選択肢を思い描ける時のみだからである。

## 多元的思考の時代

近代の次の時代をひとことで象徴するのは、価値の多様性とその独立性を認める「多元多極主義」である。大国の傘の下で結束したり、無理な合意形成を目指したりするのではなく、個人と共同体が価値を選び取り、ローカルに独立して生きることを指す。こうした状況で合意形成が行えるとしたら、「どの領域を優先させて考えるのか」をめぐってである。

日本では、〈主張‐根拠‐結論〉のアメリカのエッセイの型が、論理的な書き方として論文の書き方やビジネスの指南書で繰り返し紹介されることにより、これこそが唯一絶対的な論理的な文章作成法であり思考法であると受けとめられる傾向があった。しかし、この方法ひとつで押し通すと、他の領域の論理と思考法が見えなくなる。それほどまでに経済効率性と個人の自由を重んじるリベラル民主主義への信奉は強かった。その優位性が常識となって、この論理と思考法の本質が問われないことが問題だ。そのために、日本で守られてきた社会領域の論理と思考法も、その隠れた機能と価値が理解されずに捨てられる危険性すらある。

教育システムと連動する形で論理と思考法をひとつの文化のシステムとして実証すると、日本にいれば社会領域の論理のみがどのような場合でも適用されているように受け取られがちだが、そうではない。どの国においても四つの領域があり、人々は日常の判断においてそれら四つの領域の間をスイッチしたり、ザッピングして見比べたりしながら、四領域の区分をあまり意識しないまま選択を行っている。だからこそ、四つの領域を理解し意識することが大切になる。

人々が信じる価値観を臨機応変に変えることは難しいが、四つの領域の論理と思考法をレトリック——文章構成・議論の手続き——のレベルで考えることは可能で、それを技術として使いこなすことは、これからの社会を生きるための何よりの力となる。四領域のそれぞれの論理を、文章構成と議論の選択可能な「スタイル」として受けとめると、このスタイルを時と場所に応じて、相手に応じて、また目的に応じて、善意をもってあるいは戦略的に選び使い分けることが可能になる。戦略的にとは、たとえば相手が議論している領域を故意にずらすことによって自分の領域の土俵に連れ込むことである。

こうしたレトリックの技術は、日本では積極的に教えられてこなかったが、インターネットやＡＩの普及で知識や情報そのものの価値が低下する中で、知識を能力に変換するための大事な装置となる。四つの論理とレトリックを知って多元的に思考することが重要だ。四つの領域は異なる目的を持っているため、多元的に思考することによって複数の異なる目的の達成が可能になるからである。

## 価値を選び取り、豊かに生きる思考法

形式論理の無矛盾の原理は論理的思考の前提になるとはいえ、私たちは無矛盾の原理のみに頼って、考え判断するわけではないし、それだけでスムーズに意思疎通ができるわけでもない。むしろコミュニケーションが上手くいかないのは、異なる領域の論理で考えている時である。矛盾のない議論をどんなに重ねても、前提が違っていれば合意するのは困難というより不可能である。逆にいえば、同じ領域で思考していれば合意形成も図りやすい。

繰り返しになるが、相手がどの領域の論理を使って考えているのかを意識すること、それ以前に「自分はどの領域の論理を使って考えているのか」に自覚的になることがとても大切だ。それによって「見えない」文化衝突を回避できる。

人が反射的に怒りの感情を爆発させるのは、職業や社会的地位に関係なく自分たちの常識に挑戦された時であり、それは社会学者のガーフィンケルの非常識実験によって証明されている（Garfinkel 1988）。自分の常識はどの論理によって作られているのかを知れば、常識という自分の期待が裏切られた時に湧き上がる「相手の非論理性、非合理性」への怒りの感情を抑えることができるだろう。立ち位置を変えて見た時、いかに他領域の論理が非論理的に映るかを理解することで、四つの領域を「俯瞰的に見る」視点を獲得できると考える。四つの領域を位置づけた四分割表（表3-1）は、まさにその視点を私たちに与えてくれる。鏡なしでは自分の姿を見ることができないように、自己が拠って立つ領域は盲点となって見えない。しかし、四分割表の全体の中に位置づけることで、自分自身を観察し分析する基準と視点を獲得できるのである。

私たちが経験してきた近代という時代は、国家主義、資本主義、民主主義によって特徴づけられ、これらによる世界の統合が夢見られた。しかし今や多様な価値観を統合したり調節したりする特権的な視点はもはや存在しない。何かひとつで押し通すことは、その論理のもとに他の論理を押し込めることになる。

コロナ禍は資本主義をストップさせ、人類の生存に不可欠なものとそうでないものを浮かび上がらせて世界中に伝統回帰を促した。しかしそれは近代以前に戻ることを意味しない。科学技術の恩恵を受け、経済的な取引をグローバルに続けながら、お互いのコミュニケーションを観察し合う世界に私たちは足を踏み入れている(ルーマン 1993)。異なる領域の原理に基づいてコミュニケーションが行われていることを認識できると、それを尊重しつつ観察することが互いのコミュニケーションを阻害しない方法であることが分かる。世界は物を通してみると全く変わりがないように見えても、その意味づけが情報の世界で変わるのである。「物質から情報へ」、「物から意味/価値の時代へ」の転換である。

「時代が変わる」とは、一般に支配者の交代や政治形態の変化を指す。それに対して「パラダイムシフト」とは、それまで支配的だった「ものの見方や考え方」が変わることを指す。私たちが体験しているのは、まさにこのパラダイムの変化だといえる。

二一世紀に経済のグローバル化とともに世界を席巻した「汎用的能力(社会に出て必要とされる基礎能力)」の育成という教育目標が見失っているのは、領域が異なればそこで価値を持つ能力も変わるということである。思考とその表現パターンが変われば、当該社会で重視される能力や知識、教育理念と規範とされる人間像と人間関係までもが一貫性を持った教育文化のシステムとして変化する。こうした独立したシステムとしての教育の存在を知ることにより、一元的な指標をもとに連続的な数値の上に学力や能力を位置づけて、その多・少を測ることの意味や是非も問い直されることになる。アメリカの自己主張を直線的に論証する能力がもてはやされても、その論理を判断と行為の主な基準とすることは、日本でもフランスでも、そしてイランでも強い拒絶反応を引き起こす。

一度きりのやり取りではなく、やり取りを繰り返し行う場合、裏切るよりも協力したほうがより多くを得られるのは、ゲーム理論によってすでに証明されており(Davis 1997)、自由という名の下の個人主義や競争は、もはや拠るべきただひとつの原理にはならない。社会領域の論理と思考法の果たす役割は、今後ますます大きくなるだろう。なぜなら、社会領域のみが、自然の一部として人間を捉える自然観と、利他主義をその原理の中に組み込んでおり、そのような自然観とものごとの判断基準が、地球規模で複雑に絡み合った問題の解決の緒《いとぐち》となる可能性に満ちているからである。政治的な駆け引きや経済的利潤、そして宗教・イデオロギーの正当性が激しくぶつかりあう時、科学的データや権威ある書物、そして分析や批判的視点がもはや役に立たない局面もある。脳科学によれば、利他主義を支える共感は、人間の脳内のミラーニューロンによって可能になり、これは人間が本来持っているものである(梅田他編 2014)。しかし共感に支えられた利他主義と、そのもとになる自然観が判断基準となり実際に行動に移すためには、訓練が必要になる。その価値に私たちはもっと自覚的になり、次世代を担う人々のために、社会領域を芯にしながら多元的思考を可能にする教育の制度と内容、方法についてより具体的な策を講じていかなければならない。それは新しい社会のモデルを提示することにもなるだろう。

多元的思考という新しい視点と方法を得て、はじめてそれぞれがローカルな価値観のもとで豊かに暮らす新しい世界を思い描けるのである。

# おわりに

論理的思考に関する書籍や情報が溢れる中で、本書の意義は何だろう。それは論理的思考に関する二つの常識の克服である。そのポイントは二つある。ひとつは論理的思考の方法は世界共通でも不変でもないこと、つまり論理的思考には価値観に紐づいた思考の型があることを知るという点。もうひとつは思考の技術を使いこなすには、目的（そこに価値観が現れる）をまず特定してその目的に合った思考法を選ぶという点である。この二点を踏まえて本書が目指したのは、目的ごとに異なる論理的思考を「方法」としてどのように実際に使いこなすかを示し、その効用と意義についても理解を深めることだった。こうして本書を読み終わる頃には、論理と論理的思考に対する読者の考え方が変わっていることに期待する。

論理的思考を使いこなせるようになるためには、断片的なハウツーをいくら集めてもそれが目的に適っているのかの確信が持てない。思考法のあれこれを方向性なく学ぶよりも、むしろ「目的は何か」、その目的のためには「どの思考法」がよいのかを考えること、そのために、四つの専門領域（論理学、レトリック、科学、哲学）の推論の型とその目的、そして価値に紐づけられた四つの思考法（「経済」、「政治」、「法技術」、「社会」）を選択肢として示した。主体的に考えるとは、まずは思考し判断する「目的を明確にする」こと、そして目的に応じて「手段を選べること」にある。論理的思考法は目的ではない。あくまで手段である。

以上は技術的な議論である。もう一歩踏み込めば、主体性の本質は、個人が「目的を選ぶこと」にあり、そこにこそ各人が持つ価値観が現れる。自分が今まさに行おうとしている判断は、何を優先させているのか。それを優先させた判断の結果を自分は納得して受けとめることができるのか。世界は様々な出来事が複雑に絡み合っており、常に不確実性に満ちている。どんなに緻密な計算を行いその結果を比較考量して判断しても、天候や戦争など突発的な出来事で前提が崩れてしまうことが多々ある。そんな時、結果を納得して受け入れることができるのは、自覚的に価値を選んで思考し判断できた時である。それが主体的な決断であり、決断の結果の精査も、価値の選択の観点と技術的な選択の観点の両方から行うことができる。

論理学や西洋古典学の専門家ではない筆者が、四つの専門領域の説明を序章に置いたのは、各領域の思考法の特徴や癖は、それぞれの目的を比較することではじめて見えてくると考えたからである。通常は並んで示されることのない四領域の全体をまずは撫ぜてみることで、論理や論理的思考への恐れやアレルギーが少しでも軽減できればと願ってのことである。

アメリカの大学で論理の「見えない文化衝突」を体験して以来三五年あまり、論理と論理的思考について読み、調査し、考えてきた筆者も、そしておそらく多くの読者も論理的思考と聞いて思わず身がすくむのは、それが英語のロジカル・シンキングを直訳したもので、もともと日本の社会には馴染みの無いものだったからだと思われる。

論理の「理」は、日本を含む東洋においては、人や自然の道理など道徳的な意味合いが強く、西洋の言葉の技術としての推論や論証とは異なる意味で使われてきた。西洋における推論は、古代ギリシアの哲学にその根を持ち、古代ギリシア人に特徴的な判断の形式を持つ。論証は、古代ギリシアの直接民主主義と深く関わっており、独裁者に奪われていた土地の権利を取り戻すために人々が行った法廷弁論がその起源である。論理学史をひもとけば、形式論理と形式合理性の優位という、世界の他の地域と比べて特異な性格を持つ西洋の思想の伝統に行きつく（山下 1983）。異なる思想の伝統を持つ私たち日本人が、論理的思考に苦手意識を持つのはある意味当然のことだといえる。それだからこそ、論理の形態とその社会的な背景をまずは「知識として持つこと」が大切だ。

本書は大学の教員研修の講演にお招きいただいた時の、教養の授業で使えるような教科書を、そして高校生にも読める本を、との要望に応えて着手したものである。しかし高校生と大学生の思考法の指南にとどまらず、ビジネスや国際外交、異文化コミュニケーション、多文化共生論、意思決定の方法論など多様な領域とレベル（個人、組織、国家）で役立つ本だと考えている。

こうした要望が寄せられるもとになったのは以下の三冊の本であり、本書はこれらの著書を下敷きにしている。本書の序章と終章は書き下ろし、残りの部分も加筆を行ったが、重複する部分については読者の御寛恕を乞いたい。

渡辺雅子『納得の構造――日米初等教育に見る思考表現のスタイル』東洋館出版社、二〇〇四年

渡邉雅子『「論理的思考」の社会的構築――フランスの思考表現スタイルと言葉の教育』岩波書店、二〇二一年

渡邉雅子『「論理的思考」の文化的基盤――四つの思考表現スタイル』岩波書店、二〇二三年

これらの三冊の本は論理的思考を異なる側面から捉えている。

『納得の構造』は、日本とアメリカの子どもたちが同じ絵を見て、どのように説明し理由づ

けるかを作文実験によって質的、計量的の両面からその違いを明らかにし、違いの理由を国語(作文教育)と歴史教育の比較調査から明らかにしたものである。両国の子どもの説明は、いかに情報を編集してこの世界を理解しているのか、異なる因果の考えを使って出来事を理解しているのか、そしてこの因果関係を使って未来を予測し、合理的な行動を判断しているのかを具体的に見せてくれる。日米の論理的思考は、両国の歴史叙述や語りのスタイルを通した認知の基本カテゴリー(時間と因果律の把握)と関連しており、教育の背後にある認知の共同体の存在を私たちは知る。

二冊目の『「論理的思考」の社会的構築』は、一五年にわたる現地調査から、フランスの思考法が教育によって構築される過程を、文化人類学のアプローチを使って記したものである。古代ギリシアにさかのぼる西洋文化の継承者を自負するフランスでは、その伝統を受け継ぐ言葉(logos)の教育が二一世紀の教室においても行われており、小学校から高校へと進む教育課程に、西洋の論理の歴史的発展がそのまま見て取れるのは驚くべきことである。私たち東洋の文化圏に生きる人間に馴染みのない西洋の思想と論理の本質を、フランスの教育実践を通して実感し、考察できる。さらに現代のフランス共和国の思考法の特徴は、アメリカのリベラル民主主義を補助線にして比較するとその特徴が際立つ。フランスに代表される大陸ヨーロッパとアメリカの論理と思考法、および行動様式の違いが言葉の教育を通して理解できる。

三冊目の『「論理的思考」の文化的基盤』では、イランを比較の対象に加えて「教育文化のモデル」を作り、四つの異なる論理と思考法、それを支える教育の比較を行った。本書では紹介できなかった、「論理」の社会的な起源を明らかにする社会学の理論と、小学校から高校までの国語教育と歴史教育の比較とその歴史的・文化的背景が記されている。作文の型は論理と思考の型を形成し、過去の解釈の方法はそのまま未来を解釈する方法に反映されて推論の型と行動の型を作る。それらの型が四領域で異なる形で現れる原理がよく分かる内容になっている。併せてアメリカ、フランス、イラン、日本の大学入試制度と入試問題の分析から、四カ国で重視されている能力が質的に大きく異なることを示した。文化がひとつのシステムとして教育に働きかけ、教育も一貫したひとつのシステムとして機能していることが理解できる。アメリカ、フランス、イランを通して日本の特徴も再考できる。

本書を入り口に、文化に枠づけられた論理と思考法の世界に足を踏み入れていただければ幸甚である。上記の本は、教育あるいは社会学の学術書に分類されているが、これまで多様な専門分野や職種の方に読んでいただいており、本書を読み切ってくれた読者には興味深く読める内容になっていると思う。

最後に、新書のお声がけをしてくれた岩波書店の大竹裕章氏と新書を担当してくれた島村典行氏に感謝を申し上げたい。

二〇二四年七月一日

渡邉雅子

# 参考・引用文献


【日本語の文献】

浅野楢英．2018．『論証のレトリック ―― 古代ギリシアの言論の技術』筑摩書房．

綾井桜子．2017．『教養の揺らぎとフランス近代 ―― 知の教育をめぐる思想』勁草書房．

アリストテレス．1970．「トピカ」『アリストテレス全集 2』村治能就訳，岩波書店．

アリストテレス．2017．「弁論術　詩学」『アリストテレス全集 18』堀尾耕一・野津悌・朴一功訳，岩波書店．

石堂常世．2013．『フランス公教育論と市民育成の原理 ―― コンドルセ公教育論を起点として』風間書房．

井筒俊彦．2009．『読むと書く　井筒俊彦エッセイ集』慶應義塾大学出版会．

岩崎武雄．1972．『正しく考えるために』講談社．

ウィリアムソン，ティモシー．2023．『哲学がわかる　哲学の方法』廣瀬覚訳，岩波書店．

内山勝利他編．2008．『哲学の歴史　第 1 巻(古代 1)　哲学誕生』中央公論新社．

梅田聡他編．2014．『共感　岩波講座コミュニケーションの認知科学 2』岩波書店．

大堀精一．2018．『小論文　書き方と考え方』講談社．

オング，ウォルター・J．1991．『声の文化と文字の文化』桜井直文・林正寛・粕谷啓介訳，藤原書店．

桂紹隆．2021．『インド人の論理学 ―― 問答法から帰納法へ』法藏館．

黒柳恒男．2022．『ペルシア文芸思潮』増補新版，東京外国語大学出版会．

香西秀信．1998．『修辞的思考 ―― 論理でとらえきれぬもの』明治図書出版．

香西秀信・中嶋香緒里．2004．『レトリック式作文練習法 ―― 古代ローマの少年はどのようにして文章の書き方を学んだか』明治図書出版．

香西秀信．2009．「レトリック」田近洵一・井上尚美編『国語教育指導用語辞典 第 4 版』教育出版，pp. 40–41．

幸田国広．2021．『国語教育は文学をどう扱ってきたのか』大修館書店．

参考・引用文献

国語教育研究所編．1996．『「作文技術」指導大事典』明治図書出版．

坂本尚志．2022．『バカロレアの哲学 ―― 「思考の型」で自ら考え，書く』日本実業出版社．

桜井啓子．1999．『革命イランの教科書メディア ―― イスラームとナショナリズムの相剋』岩波書店．

桜井啓子．2014．『イランの宗教教育戦略 ―― グローバル化と留学生』山川出版社．

沢田允茂．1976．『考え方の論理』講談社．

ジュネット，ジェラール．1989．「修辞学と教育」『フィギュールII』花輪光監訳，書肆風の薔薇，pp. 29-47.

シュンペーター，J. A.（1912）2020．『シュンペーター経済発展の理論』八木紀一郎・荒木詳二訳，日経BP日本経済新聞出版本社．

末木剛博．2021．『東洋の合理思想』法藏館．

住谷裕文，ブラウン＝ロバート・サンボーン，向井邦夫，吾妻修，井上直子，松井勲，亀井一，赤木登代．2005．「フランスのディセルタシォン（dissertation）試験はいかに行なわれるか？ ―― その受験風景（上）」『大阪教育大学紀要第V部門』53（2），pp. 59-78.

高城和義．1992．『パーソンズとアメリカ知識社会』岩波書店．

玉井茂．1974．『西洋哲学史（上）』青木書店．

鶴見俊輔．1956．「日本のプラグマティズム ―― 生活綴り方運動」久野収・鶴見俊輔編『現代日本の思想』岩波書店，pp. 72-115.

苫野一徳．2017．『はじめての哲学的思考』筑摩書房．

ドロア，ロジェ＝ポル．2005．『娘と話す　哲学ってなに？』藤田真利子訳，現代企画室．

野内良三．2002．『レトリック入門 ―― 修辞と論証』世界思想社．

埜嵜志保．2016．「公共的コミュニケーションとしての話し合い活動の可能性 ―― 小学6年生国語「海の命」の解釈過程の分析」『名古屋大学大学院教育発達科学研究科紀要（教育科学）』63（2），pp. 85-97.

野地潤家編．1976・1986．『作文・綴り方教育史料（上・下）』桜楓社．

野矢茂樹．1994．『論理学』東京大学出版会．

野矢茂樹．2006a．『入門！ 論理学』中央公論新社．

野矢茂樹．2006b．『新版 論理トレーニング』産業図書．

ハイス，ローベルト．1970．『弁証法の本質と諸形態』加藤尚武訳，未来社．

波多野完治．1973．『現代レトリック 文章心理学大系6』大日本図書．

バルト，ロラン．2005．『旧修辞学 ―― 便覧』沢崎浩平訳，みすず書房．

ハンソン，N. R. 1986.『科学的発見のパターン』村上陽一郎訳，講談社.
ブルデュー，ピエール，ジャン＝クロード・パスロン．1991.『再生産 ── 教育・社会・文化』宮島喬訳，藤原書店.
ブルデュー，ピエール．2012.『国家貴族 ── エリート教育と支配階級の再生産』全２巻，立花英裕訳，藤原書店.
ペレルマン，カイム．1980.『説得の論理学 ── 新しいレトリック』三輪正訳，理想社.
ポリア，G. 1972.『いかにして問題をとくか』柿内賢信訳，丸善.
森田伸子．2005.『文字の経験 ── 読むことと書くことの思想史』勁草書房.
山下正男．1983.『論理学史』岩波書店.
山下正男．1985.『論理的に考えること』岩波書店.
山田直之．2020.『芦田恵之助の教育思想 ── とらわれからの解放をめざして』春風社.
米盛裕二．2007.『アブダクション ── 仮説と発見の論理』勁草書房.
ルーマン，　ニクラス．1993.『社会システム理論(上)』佐藤勉監訳，恒星社厚生閣.
冷泉彰彦．2014.『アイビーリーグの入り方 ── アメリカ大学入試の知られざる実態と名門大学の合格基準』阪急コミュニケーションズ.
渡辺雅子．2004.『納得の構造 ── 日米初等教育に見る思考表現のスタイル』東洋館出版社.
渡邉雅子．2015.「大学入試でテストされる能力のタイポロジー ── アメリカ，日本，イラン，フランスの大学入試問題比較から」『名古屋大学大学院教育発達科学研究科紀要(教育科学)』62(1)，pp. 1-17.
渡邉雅子．2021.『「論理的思考」の社会的構築 ── フランスの思考表現スタイルと言葉の教育』岩波書店.
渡邉雅子．2023.『「論理的思考」の文化的基盤 ── 四つの思考表現スタイル』岩波書店.

【外国語の文献】
Bloom, Benjamin S. ed. 1956. *Taxonomy of Educational Objectives: The Classification of Educational Goals. Handbook 1, Cognitive Domain.* London: Longmans, Green & Co., Ltd.
Brubaker, Rogers. 1983. *The Limits of Rationality.* New York: Routledge.
Cassou-Nouguè, Anne, et Séléna, Hébert. 2018. *Annales ABC du bac*

*2019, Sujets et corrigés, Français 1re, L・ES・S.* Paris: Nathan.

Christensen, Francis. 1965. "A Generative Rhetoric of the Paragraph." *College Composition and Communication*. 16(3), pp. 144–156.

Davis, Morton D. 1997. *Game Theory: A Nontechnical Introduction*. Mineola, NY: Dover Publications.

Ferry, Luck. 1999. «De quelque propositions susceptibles d'améliorer nos programmes de philosophie.» Luc Ferry et Alain Renaut. *Philosopher à 18 ans*. Paris: Grasset. pp. 25–53.

Garfinkel, Harold. 1988. "Evidence for Locally Produced, Naturally Accountable Phenomena of Order, Logic, Reason, Meaning, Method, etc. in and as of the Essential Haecceity of Immortal, Ordinary Society." *Sociological Theory*. 6(1), 103–109.

Hinds, John. 1980. "Japanese Expository Prose." *Paper in Linguistics: International Journal of Human Communication*. 13(1), pp. 117–158.

Hobbs, Catherine L. and James A. Berlin. 2001. "A Century of Writing Instructions in School and College English." James J. Murphy (ed.). *A Short History of Writing Instruction: From Ancient Greece to Modern America*. Mahwah, NJ: Lawrence Erlbaum Association. pp. 247–289.

Kaplan, Robert B. 1966. "Cultural Thought Patterns in Inter-Cultural Education." *Language Learning*. 16(1–2), pp. 1–20.

Kobayashi, Hiroe. 1984. "Rhetorical Patterns in English and Japanese." Ed. D. dissertation, department of Applied Linguistics, Teachers College, Columbia University, New York, NY.

Moffett, James. 1968. *Teaching the Universe of Discourse*. Boston: Houghton Mifflin.

Neustadt, Richard E. and Ernest R. May. 1986. *Thinking in Time: The Uses of History for Decision-Makers*. New York: Freedom Press.

Orlich, Donald C. 1985. *Teaching Strategies: A Guide to Better Instruction*. Lexington M. A.: D. C. Heath.

Prost, Antoine. 1968. *Histoire de l'enseignement en France 1800–1967*. Paris: Armand Colin.

Ravitch, Diane. 2000. *Left Back: A Century of Failed School Reforms*. New York: Simon & Schuster.

Rénauté, Brigitte, Anne-Marie Cléret et Monique Bouchard-Lespingal. 2007. *Bac Entraînement L'épreuve écrite de Français 1res*. Paris: Hachette.

Tavoillot, Pierre-Henri. 1999. «L'invention de la classe de philosophie.»

Luc Ferry et Alain Renaut. *Philosopher à 18 ans*. Paris: Grasset. pp. 155–184.
Watanabe, Yasuo. 1995. “Shingaku: Ishida School of Popular Ethics and the Spirit of Japanese Capitalism.” *Master's Thesis (Sociology)*. Graduate School of Arts and Sciences, Columbia University.
Watanabe, Yasuo. 2004. “Why Do Organizations Form Groups?: Complex Structure and Behaviors of Japanese Business Groups From 1977 to 1988.” *Ph. D. Dissertation (Sociology)*. Graduate School of Arts and Sciences, Columbia University.
Weber, Max. 1946. *From Max Weber: Essays in Sociology*. H. Gerth and C. Wright Mills (trans. and eds.). New York: Oxford University Press.
Weber, Max. 1978. *Economy and Society 2 Volumes*. Guenther Roth and Claus Wittich (trans. and eds.). Berkeley, CA: University of California Press.

【教科書】

イラン教育省．2008.『イランのシーア派イスラーム学教科書 ── イラン高校国定宗教教科書』富田健次訳，明石書店．

イラン教育省．2019.『作文教科書　小学校 1 年生〜6 年生，中学校 1 年生〜3 年生，高校 1 年生〜3 年生』鬼頭良司訳(全 12 冊)
* イランの作文教科書については，イラン教育省より翻訳及び研究使用のための引用許諾書(2022 年 6 月 15 日付)入手済．
光村図書．2022.『国語　五』『国語　六』光村図書出版株式会社．

渡邉雅子

コロンビア大学大学院博士課程修了．Ph. D.（博士・社会学）．
現在―名古屋大学大学院教育発達科学研究科教授．
専攻―知識社会学，比較教育，比較文化．
著書―『「論理的思考」の文化的基盤――4つの思考表現スタイル』（岩波書店，2023年），『「論理的思考」の社会的構築――フランスの思考表現スタイルと言葉の教育』（岩波書店，2021年），『納得の構造――日米初等教育に見る思考表現のスタイル』（東洋館出版社，2004年）
編著―『叙述のスタイルと歴史教育――教授法と教科書の国際比較』（三元社，2003年）
論文―“Typology of Abilities Tested in University Entrance Examinations: Comparisons of the United States, Japan, Iran and France,” *Comparative Sociology*, 14(1), 2015, pp. 79–101など．

論理的思考とは何か　　岩波新書（新赤版）2036

2024年10月18日　第1刷発行
2025年 3 月25日　第8刷発行

著　者　渡邉雅子《わたなべまさこ》

発行者　坂本政謙

発行所　株式会社 岩波書店
〒101-8002 東京都千代田区一ツ橋 2-5-5
案内 03-5210-4000　営業部 03-5210-4111
https://www.iwanami.co.jp/

新書編集部 03-5210-4054
https://www.iwanami.co.jp/sin/

印刷・精興社　カバー・半七印刷　製本・中永製本


ISBN 978-4-00-432036-4　　Printed in Japan

# 岩波新書新赤版一〇〇〇点に際して

ひとつの時代が終わったと言われて久しい。だが、その先にいかなる時代を展望するのか、私たちはその輪郭すら描きえていない。二〇世紀から持ち越した課題の多くは、未だ解決の緒を見つけることのできないままであり、二一世紀が新たに招きよせた問題も少なくない。グローバル資本主義の浸透、憎悪の連鎖、暴力の応酬――世界は混沌として深い不安の只中にある。

現代社会においては変化が常態となり、速さと新しさに絶対的な価値が与えられた。消費社会の深化と情報技術の革命は、種々の境界を無くし、人々の生活やコミュニケーションの様式を根底から変容させてきた。ライフスタイルは多様化し、一面では個人の生き方をそれぞれが選びとる時代が始まっている。同時に、新たな格差が生まれ、様々な次元での亀裂や分断が深まっている。社会や歴史に対する意識が揺らぎ、普遍的な理念に対する根本的な懐疑や、現実を変えることへの無力感がひそかに根を張りつつある。そして生きることに誰もが困難を覚える時代が到来している。

しかし、日常生活のそれぞれの場で、自由と民主主義を獲得し実践することを通じて、私たち自身がそうした閉塞を乗り超え、希望の時代の幕開けを告げてゆくことは不可能ではあるまい。そのために、いま求められていること――それは、個と個の間で開かれた対話を積み重ねながら、人間らしく生きることの条件について一人ひとりが粘り強く思考することではないか。その営みの糧となるものが、教養に外ならないと私たちは考える。歴史とは何か、よく生きるとはいかなることか、世界そして人間はどこへ向かうべきなのか――こうした根源的な問いとの格闘が、文化と知の厚みを作り出し、個人と社会を支える基盤としての教養となった。まさにそのような教養への道案内こそ、岩波新書が創刊以来、追求してきたことである。

岩波新書は、日中戦争下の一九三八年一一月に赤版として創刊された。創刊の辞は、道義の精神に則らない日本の行動を憂慮し、批判的精神と良心的行動の欠如を戒めつつ、現代人の現代的教養を刊行の目的とする、と謳っている。以後、青版、黄版、新赤版と装いを改めながら、合計二五〇〇点余りを世に問うてきた。そして、いままた新赤版が一〇〇〇点を迎えたのを機に、人間の理性と良心への信頼を再確認し、それに裏打ちされた文化を培っていく決意を込めて、新しい装丁のもとに再出発したいと思う。一冊一冊から吹き出す新風が一人でも多くの読者の許に届くこと、そして希望ある時代への想像力を豊かにかき立てることを切に願う。

（二〇〇六年四月）